2013年度教育部专业综合改革试点
——社会学专业建设项目资助

田野中的民族社会与文化

看本加 主编

中国社会科学出版社

图书在版编目（CIP）数据

田野中的民族社会与文化／看本加主编．—北京：中国社会科学出版社，2015.3

ISBN 978－7－5161－6056－5

Ⅰ.①田…　Ⅱ.①看…　Ⅲ.①民族学—文集　Ⅳ.①C95－53

中国版本图书馆CIP数据核字(2015)第084840号

出 版 人　赵剑英
责任编辑　田　文
特约编辑　丁　云
责任校对　李宾宾
责任印制　王　超

出　　版　中国社会科学出版社
社　　址　北京鼓楼西大街甲158号
邮　　编　100720
网　　址　http://www.csspw.cn
发 行 部　010－84083685
门 市 部　010－84029450
经　　销　新华书店及其他书店

印刷装订　三河市君旺印务有限公司
版　　次　2015年3月第1版
印　　次　2015年3月第1次印刷

开　　本　710×1000　1/16
印　　张　12.5
插　　页　2
字　　数　212千字
定　　价　39.00元

目 录

族群认同与民族关系

人类学与民间信仰

文化变迁与非物质文化遗产

其 他

田野随笔

族群认同与民族关系

民族认同的历史反思

——羌民族认同缺失的自观分析

刘　超

摘　要：在马克思主义民族理论体系中，中国学术界以斯大林的经典民族定义为范式指导，将民族看作人们社会历史过程中形成的历史实体，探求共同族源对民族认同建构的重大理论指导意义，成为现实民族认同的践行标准。本文于当下时代背景中，结合羌族民族认同缺失的现实问题，深刻认识到溯源认同的弊端所在，采用自观分析研究方法，浅析传统史学观中历史共同体的民族溯源认同在面对当代新的时代背景下所面临的困境，试尝寻求适应新时代形式的新型民族认同观。

关键词：历史事实；现实情景；地域文化；羌族认同

随着时代的进步，我们正向着21世纪20年代迈进，我们的社会面临着全球一体化与多元化的双向发展，全球各民族政治、经济、文化趋同性与多元性并存。在新时代背景下，人类社会面临着诸多机遇与挑战，我们今天生活过的每一刻都将成为明天的过去，那些曾经生活过的生活即是今天的历史。今天的历史在前进，社会在进步，文化在发展变迁，民族认同观即随之改变。根据斯大林的经典民族定义："民族是人们在历史上形成的一个有共同语言、共同地域、共同经济生活以及共同文化上的心理素质的稳定的共同体。"[①] 中国学术界长期以来把民族看作历史进程中形成的稳定的共同实体，各民族的民族认同也是基于共同历史背景之下的历史认

---

① 林耀华主编：《民族学通论》（修订本），中央民族大学出版社1997年版，第103页。

同，共同历史起源已然成为各民族认同的符号和情感纽带。如今，在学界和政府以及民间团体，纷纷将民族认同的历史因素奉为圭臬，更有甚者盲目攀附历史，夸大本民族历史，将某些历史看作民族认同的决定因素，以此建构共同历史的民族认同。

羌族被费孝通称为“输血”的民族，发展壮大了别的民族，自己却没落于历史长河之中。羌族历史既是一部民族壮歌，又是一部悲情史。有华夏始祖炎帝之血脉相承，又有治水英雄大禹生于西羌之史略；有无弋爰剑之后种姓凡百，又有李元昊之西夏同于河西。从史学大家顾颉刚的《古史辩》到费孝通的多元一体格局，再到当下的藏彝走廊，无不体现古羌在中华历史的杰出贡献。当今羌族与古羌人所具某种族源延续的史学论证，使得古羌历史溯源成为当今羌族民族认同的根基。在现实社会新形势下，以古羌历史作为当今羌族民族认同的根基，溯源认同面临着诸多现实困境，已经陷入无根之源。尤其表现在真羌与假羌之主观偏见，历史根基的优越感与自卑感之分歧，当代羌族青年遗忘根基性情感联系和只知户口上是羌族的现实之抉择。

一　族源的模糊性

民族认同研究从根本上是要解答社会群体成员自我归属问题，涉及了诸如“我是谁”、“我为什么是我”以及“我从何而来”的问题，是群体成员自我认同的主观心理归属。

略知羌族历史便知道，羌是一古老的民族[①]，有着三千年以上的历史，最早曾记载于商代甲骨文之中，被费孝通称为“一个输血的民族”，为中华民族多元一体格局的形成作出了不可磨灭的历史功绩。如今族人也以本民族悠久的历史，深厚的文化底蕴，卓越的历史功绩而自豪。

继而如此，容我们对羌族的族源认同稍加深入探讨，便会发现诸多值得深思之处。

于此我们不得不谈到从炎帝到大禹再到姜姓部落，谁才是羌族族源认同的核心？

① 严格的学术意义上讲的古代“羌人”应为华夏民族以外牧羊之人的泛称，而有别于当今之民族概念，鉴于习惯此文将“古羌人”称作民族而不作具体区别。

关于古羌人与炎帝、大禹、姜姓之渊源的史料纷繁而杂。首先见于《帝王本纪》："黄帝以姬水成，故为姬姓，炎帝以姜水成，故为姜姓"、"炎帝，神农氏，姜姓也……"、"炎帝神农长于姜水，始教天下耕种五谷而食之……"，又见于《后汉书·西羌传》："西羌之本……姜姓之别也"。[①] 此处记载古羌人源于姜姓，而姜姓出于上古炎帝部落联盟，由于姜姓炎帝部落联盟在与姬姓黄帝部落联盟争夺资源竞争战争失败后，部分姜姓部落西迁至甘青地区，逐步发展为"西戎牧羊人"为主要标志的羌人，炎帝或姜姓成为追溯羌族族源的最早英雄祖先历史记忆。另外，晋人转引《孟子》称："禹生石纽，西夷人也"，《蜀王本纪》载："禹本汶山郡广柔县人也，生于石纽……"，又见《史记·六国年表序》云："夫作事者必于东南，收功实者常于西北。故禹兴于西羌，汤起于亳……"，《新语·术语》说："文王生于东夷，大禹出于西羌……"。[②] 此类文献印证了民间关于禹生石纽等事迹的真实性，加之民间传说、禹迹，巩固了大禹在羌族记忆中英雄祖先的地位。现在北川、汶川一带羌民都以大禹为古老祖源的象征，而以"大禹子孙"为民族情感的根源，大禹成为羌族认同的精神支柱，将大禹看作本民族的祖先起源。

问题便在于此，暂且搁置学术界对上古时代"三皇五帝"真实性的争议，就此处的炎帝、神农、姜、禹等英雄祖先的争议，究竟哪个才是真正的羌源呢？究竟羌出于姜还是姜出于羌？谁才能够成为这一民族成员共同的英雄祖先？整体的共同的英雄祖先人物及其历史记忆认同的缺失便导致民族成员间共同族源认同的根基情感联系的缺失，从而致该民族整体认同凝聚核心的缺失。民族成员间就像一把沙子一样，看似能抓在一起，却没有统一的核心作为凝聚力量。

我们曾说"古羌人"是为广泛地域下的地域族群概念而非当今民族概念人群，但从涉及古羌历史文献中界定，古羌连一地域族群概念都无法解释其族群本质，只能作"一群人"来界定——生活在华夏西部的异族人群。"羌"自古以来就不是某民族的自称，是华夏民族对生活在华夏西部的异族的他称，具体地说就是在古代（这里可追溯至商周时期）是没有确切地被称为"羌"的具体人群，随着华夏核心的不断扩大，华夏边

① 耿少将：《羌族通史》，上海人民出版社 2010 年版，第 21 页。

② 同上书，第 26 页。

缘也随着西移，边缘外的“异族”概念也随之西移，曾为“异族”的部落人群通过各种方式进入或被进入华夏族群认同范畴。作为“西戎牧羊人”的“羌”这一“异族”地域范围也随着华夏的扩张而飘忽不定，没有固定的人群可作为羌族的族源群体，最多可解释为若干部落群体的广泛“人群”概念。这便是“古羌人”地域范围的模糊性，也就是“古羌人”族源的模糊性。

然而当代羌族的族源也具有很大的模糊性。现在的羌族是由模糊的“古羌”人群的若干支群融合而成，其主要包括土著羌部落“戈基人”——秦汉时期开始活跃在岷江流域的“冉龙羌”部落（现在我们自称尔玛的另译）；汉景帝时翻越巴颜喀拉山迁入岷江流域的“三姐羌”部落（羌族莎朗唱词俄啰三基是历史记忆的标记）；隋唐时代活动频繁的“白狗羌”（释比经典唱词的阿巴白构是为这一部落英雄祖先历史记忆）；及三国时期迁入的胡虏民族。一般认为主要以“冉龙羌”部落和“白狗羌”① 部落为主体。各部落在不同时期进入岷江流域定居，各种资源竞争愈演激烈，各自为伍，没有统一的族源，正如有学者形容“无法定义羌族”②。

分析这些文史材料来看，从炎帝、神农、姜姓、大禹等始祖记忆的争论，到多元融而未合的古羌人族源典范史，于今之羌族族源研究，学术界大多将“古羌之后”作为典范史，被奉为圭臬。而好些本土羌学者以及民族知识分子更是极力将今之羌族与“古羌人”混为一谈，无论哪一项考古发现，史志记载，甚至其他民族文化事项，都能与自己的“古羌人”族源相攀附。当然历史既是过去，今天由昨天之历史塑造，今天又在建构明天之历史，我们不得对历史视而不见。而如此过多的夸耀，攀扯，牵强附会与“古羌人”的族源关系，认为当今羌族完全是“古羌人”之历史实体的延续，将难免会陷入无根之源的困境。历史的过去谁也说不清，过多地去讨论关于历史的来源或真实性，最终将陷入历史长河的无根之困境，只能自圆其说。

被民族内化的成员以建构共同的祖源记忆来凝聚，共同的族源往往是

① 耿少将：《羌族通史》，上海人民出版社 2010 年版，第 78 页。

② 王明珂：《英雄祖先与弟兄民族：根基历史的文本与情境》，中华书局 2009 年版，第 102 页。

凝聚民族认同的根基情感因素。然而羌族这种共同族源的模糊性，在自我民族认同上便缺少根基性的情感联系，从族民性的根基中就造成认同的缺失，无法形成族民统一的凝聚力和向心力。正如当地老人常讲的：根根都不一样，咋个一样嘛！对于人类学，民族学的学术关怀，更多的则是注重对于人的现实关注。我们既知当今羌族整体民族认同的缺失，便是由其历史族源的模糊性，共同祖源记忆的争论中造就而成。而今之学术界却过多地作族源追溯，将千疮百孔的羌族史作为人类典范史，以及大多羌族知识分子过多地信奉这种模糊的"古羌"族源说，加速了人们对自我来源，现实身份归属的迷茫以及民族成员身份的缺失。

二 不稳定的秩序体系

在民族认同建构中，稳定共同的秩序体系是认同建构的催化剂，是群体成员共同凝聚的政治权力。在"羌人"中，从地缘实体到政策软实力都展现出一种不稳定的模糊的秩序体系整合之中。

1. 模糊的地缘秩序

范晔的《后汉书·西羌传》记："羌……所居无常，依随水草，其俗氏族无定，或以父名母姓为种好……不立君臣，无相长一……"进而将西方各族都收进去，统称为"西羌"，而其所述不立君臣更是没有稳定的地缘秩序体系下模糊的地缘认同。①

由此可见当时华夏对西部异族的定义为：相对于华夏的规律与秩序，羌人的异族本质在于他们的"不规律性"，没有固定的居所，没有统一的氏族体系。这虽然是华夏对羌人的主观看法，但却反映出羌人诸多不稳定的秩序体系，从羌人没有整体的地域文化到不立君臣的政治秩序，都印证了羌人无整体认同体系的族民性。

2. "不立君臣"的政治秩序

从甲骨文记载"羌"以来，就没有关于其建立统一政权的记载，只为华夏对西部异己的泛称，最多记载到羌人在战时的"打狗结盟"②，一旦战

---

① 王明珂：《羌在汉藏之间：川西羌族的历史人类学研究》，中华书局2008年版，第50页。

② 黎光明、王元辉著：《川西民俗调查记录1929》，王明珂整理、导读，台北"中央研究院"历史语言研究所史料期刊之一，第9页。

事结束，这种临时的结盟状态自然解散，从来没有形成统一的政权。党项羌建立的西夏王朝是一例外。但西夏仅为党项羌一支，没有形成凝聚所有羌人的核心政权，而且历史短暂，西夏灭亡后党项羌人逐渐被同化为其他民族，与现在羌族无任何族源联系可寻。藏族先民有其围绕赞普建立的统一的吐蕃政权，蒙古族有其围绕可汗建立的统一的中央政权并最终统一中国，蒙藏都有围绕英雄祖先历史记忆①下构建起来的稳定的“国家”② 认同意识。统一的政权建立对民族成员有着强大的向心力，吸引着成员自觉的认同倾向，统一政权牢牢地控制着民族成员的政治权利，更是民族成员认同构建的向心力。“羌人”有史以来就没有建立统一的中央政权，致使无法找到统一的核心认同力量来凝聚民族意识。“羌人”在介于游牧与农耕之间的二元经济体系下，没有受辖于“君王”，因此汉人对“羌人”的侵夺便肆无忌惮，而“羌人”的“无君”状态也经常呈现无“我族”的意识。

由此诸多不稳定的秩序体系产生了“羌人”及羌族这种无法建构其核心民族认同的族民性。

三　宗教信仰的弱化

在法国著名社会学家涂尔干（又译作杜尔凯姆）看来，宗教仪式的功能就是强化一种价值和行为方式，如限制个人利益为社会牺牲等。他将宗教功能分为两个层次，并进一步指出宗教的功能可归为两种：第一，宗教是集体情感与观念的沟通关系；第二，宗教是规范社会关系的手段，如增加社会规范的权威，使人们产生向心力，加强团结。③ 宗教在集体情感与观念的沟通关系中增加人们的向心力，同时也无意识地增强了人们的认同力。而这种通过宗教构建起来的认同意识牢牢地根植于人们心中，可作为民族认同的根基性情感联系，即构建起来的以宗教人物作为假想的英雄人物，从而构建起民族的认同意识。在现实生活中不乏这样的例子，其中

① 关于蒙藏的英雄祖先历史记忆分别可简单地用大家熟知的人物，如成吉思汗、松赞干布的故事作简单解释，而羌族的“历史记忆”中没有这样的英雄人物。

② 此处“国家”主要指在古代由边疆少数民族所建立的在中原王朝“天下”概念中所臣服的地方属国。

③ 参见夏建中《文化人类学理论学派——文化研究的历史》，中国人民大学出版社 1997 年版，第 98 页。

正如穆斯林民族的例子。

在我国共有十个信仰伊斯兰教的民族，这些民族从族源形成到分布地域，从体质特征到文化事项，横向纵向比较都存在较大差异。然而这些伊斯兰民族同胞，见面时相互握手并致以问候"色俩目"，平日严格遵守伊斯兰教义，除了思想上的六大信仰外，还确立了一系列宗教功课和礼仪，[①] 达到思想信仰和行动上的统一。纯正的宗教信仰作为伊斯兰民族同胞间相互认同凝聚的力量，所有伊斯兰同胞就是一整体，不分历史、肤色、语言的差异，穆斯林同胞就是自己的亲人。而他们相互认同的共同核心便是至高无上的真主，真主是唯一的神，阿拉是假想出来的英雄祖先历史记忆，作为凝聚民族意识的根基情感联系，进而区分"我族"与"他群"，其认同边界就在是否认同真主，真主是凝聚穆斯林民族情感的最高核心。无论是平常见面一句平和的问候还是严格的日常行为规范，以及那至高无上的真主崇拜，都是在伊斯兰教的各种教义规范之下，通过宗教整合社会、规范成员、凝聚成员的民族认同。

回到羌族的例子：羌族信仰白石崇拜，以羊为图腾。属于原始宗教的自然崇拜，对自然的恐惧和无法解释的自然现象的客观唯心思想，这种原始宗教既不能形成统一的文化认同，也不能作为凝聚人群的根基情感联系。羌族的原始宗教观符合弗雷泽的"巫术—宗教—科学"理论。弗雷泽认为：有灵观不仅不是原始文化的唯一信仰，而且也未占有优势地位，原始初民最早企图通过符咒仪式达到控制风雨雪电等自然力量，然而，在漫长的时间演进中，他们发现巫术力量不能偿其所愿，于是才产生了戒惧或希望的心理，企图借助某种非凡能力、魔鬼、祖灵或神祇来达到自己的目的。[②] 白石崇拜或羊图腾是对自然灵物的崇拜。羌族社会重要的宗教人物——释比，其所具有的诸如嘿山大法、上刀山、舔铧铁等特异技能，正是弗雷泽关于巫术的经典定义：人们企图借助超自然的神秘力量对某些人、事物施加影响或给予控制，宗教的最低级阶段。

在羌族宗教社会中，围绕释比建立起的巫术信仰体系尚不具备宗教信仰体系那样规范群体、凝聚成员的功能。因而缺少被神化祖先的灵性，以

---

① 杨圣敏：《中国民族志》，中央民族大学出版社 2003 年版，第 59 页。

② ［英］弗雷泽：《金枝：巫术与宗教之研究》，徐育新等译，中国民间文艺出版社 1987 年版，第 45 页。

原始巫术为核心的信仰体系不能充当构建认同核心的象征体，作用的物只能作为人欲的工具。然而近代佛教、基督教的传入使得原始宗教的影响力降低，原本就不够稳定的白石崇拜日渐弱化，更在思想上弱化了对认同意识和观念的形成。对外来宗教无法完全接受，而自己的确又几近丢失，最终落得不伦不类。

英雄祖先的缺失，宗教信仰的弱化，使得民族文化的向心力减弱，致使羌族的民族凝聚力减弱。民族认同核心的缺失，没有明显的民族认同核心，也就无法形成真正的我族观念。

四 历史行政区划，分而治之的区域分化

整体性地域条件下产生整体性文化并建构整体民族认同观，但在整体地域上利用强制手段插入政治力量，使用政治权力将整体文化区域分化成非整体人群居住区域，长期各种变迁机制下难免导致整体文化的分化以及整体认同的弱化。在中国历史上不少见诸如此类利用行政手段来解决边疆问题，化异族为我群以重新界定华夏边缘的现象。

中国历代统治者以“天下”作为自己统治势力范围，既包括对中原农耕文明的绝对统治，也包括对游牧文明的羁縻制度。然而历代最让统治者焦虑的政治问题便是西部、北部的游牧文明与中原农耕文明的冲突与融合。随着自然环境的变迁、社会经济的发展，游牧民族与农耕民族之间资源竞争日益激烈，最终演化为两大文明之间不断的冲突，北方游牧民族入主中原的史例比比皆是。历代王朝采取了诸多不同缓解游牧与农耕激烈资源竞争的手段，或以和亲来缓解暂时的动荡，或以怀柔的羁縻制度对其册封赐地，或以强烈的军事对其打压驱逐隔离，或进行直接的行政统治来分而治之的行政割裂手段对其加以分化。

自商代甲骨文记载以来，各种古史文献均有关于羌人的记载，例如：《说文·羊部》记：“羌，西戎牧羊人也，从人从羊，羊亦声。”又见《太平御览·风俗通》记：“羌，本西戎卑贱者也，主牧羊，故羌字从羊，因以为号。”[1] 因此，学界者将古羌人纳入游牧文明下的“羌人集团”，从事游牧的

---

① 顾颉刚：《从古籍中探索我国的西部民族——羌族》，载《社会科学战线：历史学》1980年第1期，第117—152页。

经济形态决定了“羌人集团”游牧文明的文化形态。任乃强先生认为：

> 羌族的畜牧业生产水平，为人所知，古代羌族在生产方面的最大成就，便是驯养野兽成为家畜，他们驯养的羊、牛、马成功之早，远远超出世界其他民族。①

作为游牧文明下的“羌人集团”正如其他游牧集团一样，历史上曾数次与中原农耕文明发生冲突，在冲突中败下阵来而被农耕民族或加以驱逐隔离，或加以政治统治而达到文化的同化，以分而治之的行政割裂手段加以分化。自秦汉以来，羌人曾多次与中原地区发生冲突，最终被迫数次向西部、南部、西南等地区迁徙。汉武帝对羌人地区进行“开河西”，置“酒泉四郡”，封“属国都尉”、“护羌较尉”等地方官职。王莽又在今青海地区置“西海郡”②，从此西汉政府用武力将羌人割据为若干的孤立单元。除了以武力进行威慑外，对“羌人”多施之以离间、分化的手段，促使“羌人”分化为南北两部，中间被汉行政地域分割，两部文化交流中断逐渐出现很大的差异。北部“羌人”逐渐被融合为其他民族或一部分迁至今新疆一带，南部“羌人”大多成为当今藏缅语族各民族的族源。这些被武力或被自然地域条件分割成不同单元的羌人部落，从此走上不同的发展道路，并逐渐融入或“被进入”演化为其他民族，只有南迁至岷江流域的部分羌人在与当地土著羌人部落融合，适应当地地域环境下，作为汉藏边缘政治缓冲地带而得以保存。此行政割裂手段达到了汉王朝安定边疆分而治之的目的，致使“羌人”从此走向衰落，民族意识逐渐被同化。

历史记忆如此，当前社会事实中也出现此类情境。北川羌族自治县是2003年国务院批准成立的全国唯一的羌族自治县。北川地区处于与汉族最接近的地域空间地带，文化事项中汉化最严重，羌民族认同最弱化的地区。然而追溯北川历史，也曾出现西汉时期出现过的分而治之的行政区域分化手段。汉代北川属于蜀地汶川郡广柔县，北周置北川县，唐太宗设石泉县。公元11世纪，北川地区成为汉与非汉共处的华夏边缘交界地带，

---

① 任乃强：《羌族源流探索》，重庆出版社1984年版，第112页。

② 冉光荣等：《羌族史》，四川民族出版社1985年版，第156页。

北宋政府将北川划归绵州（今绵阳市），将之纳入汉人编户的行政管理中。[①] 此举暗示当时北川地区已成为汉番（羌）共居之地。北川汉化已相当普遍，汉化也就意味着北川地区“羌人”自我民族认同大量丢失的开始，人们假构出诸多与华夏相关的祖先历史起源，很多人认为祖上来自湖北麻城孝感等地。在中央政权对羌区进行行政划分割裂、分而治之的民族政策下，最终促使北川羌民严重地汉化，丢失了自己的民族文化，弱化了自我族群认同，多以汉人自称。

民族边界的变迁致使民族认同的变迁，北川由番（羌）区化为汉区是民族认同丢失最直接的原因。

五　摇摆的认同抉择

处于汉藏两大文化群体之间的夹缝之中的羌族，从其外在的文化事项到内在的民族内心情感都呈现出汉藏之间的过渡地带，尤其在民族认同中体现出摇摆的认同抉择。笔者在多次进行羌族民族认同研究调查中，了解到移民是影响当地民族认同呈现摇摆状态的重要因素之一，然而在进一步分析移民因素时，一个富有地域文化色彩的民俗语言词汇“插占为业”，引起笔者的关注。

在访谈调查中，很多老人讲到自己家族史时都会提到一重要词汇：“插占为业”，而在讲述“插占为业”的祖源记忆中却呈现出不同程度的摇摆状态。例如湔江流域支流白草河片区的老人都会谈到自家祖辈于湖北麻城孝感来到此地“插占为业”，如下为白草河流域一肖姓老人的讲述：

> 我们祖祖（四川方言，即祖父）大概在清朝时候，湖广填四川时期来到这个山沟沟里头，以前本地区没有人住，老祖宗从外面搬进来就开始占地盘，来得早的就选好的地方占，占得多，以插旗为界，作为自己家业。来得晚的就占得少，占不好的地方，最后来的就没有地盘可占，在别人手里租地为生。

老人讲述祖上“插占为业”的历史记忆时，特别强调自己祖上是汉

① 耿少将：《羌族通史》，上海人民出版社2010年版，第356页。

人的血统联系。在得到老人及其家人允许下，笔者察看了老人的户口本和身份证，赫然写着羌族，当问及老人自己民族归属时，老人不假思索地说：

> 我们既可以说是汉族又可以说是羌族，我们祖祖是湖北麻城孝感搬来的，他们是汉族，我们当然也是汉族咯。但按现在的说法，我们又是羌族，生在这个地方，自然就划成羌族咯。

从该个案①可以看出，当地羌族的民族认同呈现出一种摇摆不定的认同抉择，即认同根基性的情感联系的汉族血统，又认同地域文化调式的羌族身份抉择。此种摇摆的认同抉择，是基于其历史事实的记忆还是现实资源竞争情境下的社会集体建构？

根据安德森的研究，“民族”本质上是一种现代的想象形成，它源于人类意识在涉入现代性过程中的一次深刻变化。② 这直接地回避了寻找民族“客观特征”的障碍，直指集体认同的建构——社会想象。而安东尼·史密斯认为：“我们必须把集体认同看成是人类在不同的环境中可以利用的资源和有边界的范畴，家庭、学校、宗教团体、社会阶级、民族身份、性别区分都是我们作为个体在不同时期与环境中，能够加以利用的有边界的资源单元。”③ 这两位学者对当代民族认同研究作出巨大贡献，分别从社会近代建构和社会集体记忆的角度分析民族、国家的认同范畴。湔江流域羌族社会的摇摆的认同抉择便是为了一定的社会群体目的而进行的在社会集体记忆下的近代建构，而社会群体目的便在于社会群体意识在涉入现代性过程中对于民族、国家认同的混析。

总而言之，“插占为业”下摇摆的认同抉择是当代羌族民族认同缺失的自主抉择，群体成员可以根据不同情境自主选择其民族归属，个人只需计较哪种身份能带给自己更多的利益而不用考虑民族整体利益的理性选择。

---

① 除此个案外，根据笔者的调查还有大量的口述资料可以证明此种摇摆的认同抉择。

② ［美］本尼迪克特·安德森：《想象的共同体》，吴睿人译，上海人民出版社 2004 年版，第 5 页。

③ 参见［美］安东尼·史密斯《全球化时代下的民族与民族主义》，龚维斌、良警宇译，中央编译出版社 2001 年版，第 325 页。

在当今羌族与古羌历史族源的对接中，族源的模糊性、历史地域文化的零散性，不稳定的秩序体系，“插占为业”历史记忆的摇摆认同抉择，都在历史中塑造了这种整体民族认同的缺失。而如果我们再过多地去攀附历史，夸大历史事实，建构民族溯源认同，已经适应不了时代发展的变化，反被历史所淘汰。历史是人们生活的过去，我们不能否认历史事实的存在，应当清楚地认识到人类社会的历史使命感，研究历史在于历史如何塑造今天，今天如何建构未来。

如今我们自称为羌族不再是为了更多地分享少数民族丰厚的自然资源和优越的待遇，而更多的则是为一伟大民族崛起的自豪感。一个伟大的民族能够屹立于历史长河之中，不仅要具备强有力的民族魄力，还要时时变通以“文化的本质在于适应，适应带来变迁”① 的民族精神。

① 转引自徐平《羌村社会：一个古老民族的文化和变迁》，中国社会科学出版社 1993 年版，第 223 页。

迁移背景下族群关系变迁的研究

——基于光明村吊庄移民的研究

杨俊峰

摘　要： 族群关系的紧张，首先在于不同族群因世代生活环境的不同而形成不同的文化和价值观念，这是一个族群最内在的的东西，是其保持族群边界最重要的因素。其次，族群关系的不和谐与历代统治者在民族地区实行的政治、经济、文化、教育等制度有着密切的关系，并且因不同族群精神文化的不同，统治者蓄意制造族群之间的冲突、误解和隔阂，甚至将其作用到宗教上，导致族群关系的紧张和恶化。然而，因精神文化不同形成的误解、隔阂、冲突等，很难使用精神文化的东西进行缓解，更难以解决，反而会因此导致更深刻的冲突、误解和隔阂。但是，当世代生活的环境发生了翻天覆地的变化之后，为了生存和更好地生活与发展，在原有生活环境基础上形成的精神文化观念会受到剧烈的“冲突”，迁移的一方也会因此而逐渐调整自己的文化观念，以适应新的环境而更好地生存；此时，虽然迁移的族群因生存环境的变迁对自身精神文化有所调整，但运用精神文化的东西来解决族群关系仍然不是主要策略，因为尽管迁移的族群生存环境变化了，可是保持本民族边界的因素并没有消失。但物质文化的交流却在这一时空有了前所未有的繁荣，移民刚到一个陌生的环境，一切用于方便和改造自身生存环境的工具对于他们来说都是迫不及待，并且这些物质的东西不会对其精神文化产生直接的挑战和冲突，反而会因此冲破文化上阻隔，软化精神文化的隔阂，促进族群之间的了解、理解和尊重。

关键词：迁移；族群关系；变迁

族群关系历来都是社会（地区或者国家）稳定的一个重要因素。在建设社会主义和谐社会的当下，族群关系的融洽与否直接影响着这个大局的发展，或者说，族群关系是社会主义和谐社会能否稳步推进的一个重要因素。

一　研究背景

（一）问题提出

我国是一个统一的多民族国家，族群关系的融洽与否影响着这个共同体。不同的族群有着自己由来已久的生产生活环境以及在此基础上形成的不同的文化观念。然而现代化的进程已然不再允许族群的“封闭式发展”，要求与外界、不同族群建立更广泛的联系，甚至不惜将生活在偏远山区的族群迁移到更适于他们发展和实现国家现代化的地方。

那么，当族群因迁移改变其生产生活环境后，在迁入地如何与其他族群相处，这显然在不同族群文化基础上是矛盾的。究竟该如何让原本有着不同文化价值观的族群在一起生活，成了一个迫在眉睫的问题。然而在这个过程中，“迁移”这一因素在族群关系从矛盾到融洽的过程中又扮演了何种角色（或者起着怎样的作用）？同时，影响族群关系的因素是什么（或者是什么导致了族群关系的紧张和融洽）？如何在此基础上建立融洽的族群关系？融洽的族群关系对于建设社会主义和谐社会有何重要意义？这值得我们探讨和说明。

（二）目的意义

1. 现实意义

以“迁移”（此外“迁移”仅作为背景，不指过程反趋迁于一种结果并把这个事实带来的变化作为研究该课的背景）为背景，把两大族群的关系放在巨大的环境变迁、原有的生活基础被打破需要重新构建的基础上（族群间原有的物质基础不复存在，几乎一切要素都在动态的磨合和进一步寻求整合的过程中，文化震撼一次比一次强烈，不同族群由来已久的观念都在寻求新的理解和接受，进而形成新的、共有的、彼此相互理解的、融洽的价值理念的过程）来考察。据此研究“迁移”在族群关系的演变中扮演的角色（或者起的作用）和影响族群关系的因素，以及对建立融洽和谐的族群关系提出一些建设性的建议，推动地区发展和稳定。

2. 理论意义

基于现有的族群认同理论，即情境论（或工具论）[①] 和拉德克里夫—布朗结构功能主义[②]的启发，研究和解释中国国内的族群现象，进而探讨适于解决国内族群关系的本土化理论，并在此基础上贡献笔者的一份绵薄之力。

3. 研究主题

基于研究所提出的问题和研究的目的意义，在实际研究中提出以下主要研究的内容或主题：

(1) 回族和汉族（之所以用“回族”和“汉族”这两个概念，是基于当地人的称呼和对彼此的区别和划分）矛盾的族群关系形成的历史原因和现实原因。

(2) 回族为什么要迁移？迁移对于回族与汉族原本矛盾的族群关系带来了什么影响？

(3) 迁移后，回族和汉族之间的关系是如何演变和发展的（或者是什么最终促成了两大矛盾族群之间的融洽相处）？这对当地经济社会发展有什么重要意义？

(4) 从两大族群有矛盾到融合的过程当中，我们学到了什么？该如何以此为例去处理其他的族群关系？

4. 文献回顾

针对提出的问题和研究的目的意义以及主题，对前人关于族群关系的变迁的研究，作如下的文献回顾：

一是理论研究方面。

(1) 周大鸣从整体上对族群关系进行了探讨，在其《论族群与族群关系》[③] 的文章中，周氏追溯了“族群”的定义，并认为族群性、族群与

① 周大鸣、秦红增：《文化人类学概论》，中山大学出版社 2009 年版，第 87 页。

② 黄淑娉、龚佩华：《文化人类学理论方法研究》，广东高等教育出版社 1996 年版，第 138—145 页。

③ 周大鸣：《论族群与族群关系》，《广西民族学院学报（哲学社会科学版）》2001 年第 23 卷第 2 期，第 3 页。

族群关系、族群认同及其要素和维持族群边界的基础是文化。与周氏相似或者有共同点的是徐桂兰的《人类学的重要课题族群与族群关系——庆贺容观教授从教50周年暨族群与族群关系学术讨论会综述》,[①] 本文主要探讨了族群、族群关系、宗教与族群关系以及全球化与族群和族群关系，并对其进行诠释，阐明对中国化的人类学追求。

（2）马戎在《族群关系变迁影响因素的分析——民族学社会学连载之二》[②] 的研究中，对认为影响族群关系的因素有以下几个观点：历史的观点、动态的观点、多元影响的观点和比较分析的观点，同时把族群关系看作一个连续统，认为城市族群力量有三个维度，即基本归属感、分享的利益及与政府的“疏离感”。马雪峰则在《社会学族群关系研究的集中理论视角》[③] 一文中，主要介绍了社会学族群关系研究的主要范式，包括美国社会学种族主义族群关系理论、社会学族群关系同化范式、权利—冲突范式，并回顾了人类学领域族群性研究的相关启示。此二人都是从社会学的角度来研究和看待族群关系。而周敏、黎相宜同写的《多元、动态与差异：“移民与族群关系”国际研讨会评述》[④] 虽与前两人一样从社会学角度来看族群关系，但后者是基于“移民”这一因素而来的。

（3）廖杨在《人类学视野中交往与族群关系》[⑤] 中指出，人类学意义上的“交往”，不仅指人类共同体内部成员之间的往来和自我认同，而且也指共同体与共同体之间的群体交往或个体与其他个体的往来。源于不通文化背景的族群交往通常表现为族际之间的矛盾、冲突与调适，族群关系就是在这种互动过程中趋于紧张或和谐，并把“交往”定义成一种文化现象。这与周氏认为族群性、族群与族群关系、族群认同及其要素和维持族群边界的基础是文化，有着相似或共同之处。

① 徐桂兰：《人类学的重要课题族群与族群关系——庆贺容观教授从教50周年暨族群与族群关系学术讨论会综述》，《广西民族学院学报（哲学社会科学版）》2001年第23卷第2期，第3页。

② 马戎：《族群关系变迁影响因素的分析——民族学社会学连载之二》，《西北民族研究》2003年第4期。

③ 马雪峰：《社会学族群关系研究的集中理论视角》，《西北民族研究》2007年第2期。

④ 周敏、黎相宜：《多元、动态与差异：“移民与族群关系”国际研讨会评述》，《华侨华人历史研究》2009年第3期。

⑤ 廖杨：《人类学视野中交往与族群关系》，《思想战线》2005年第1期。

（4）关溪莹在《当代少数民族关系研究简论》[①] 和罗运胜的《明清沅水中上游地区族群关系演变论述》[②]，二者均以中国国内的民族为研究对象。前者通过梳理国内外少数民族族群关系研究的概况，对我国当代少数民族研究现状进行反思并提出建议，将少数民族族群认同作为现代化民族国家进行社会动员的重要资源，构建以国家认同为前提和基础的新型族群关系；后者则强调，在区域史研究中，应该重视对差异及其关系演变的探讨。

二是具体研究方面。

第一，关于中国北方有关族群关系的研究。

冯元东在《族际互动下族群关系的调查研究——以宁夏回族自治区灵武市宁东镇回汉关系为例》[③] 一文中，对族群关系进行调查研究，旨在了解该地族际互动下的族群关系，提到族际通婚、族际迁移、族际冲突等诸多问题。王东平《〈冈志〉中反映的明清北京牛街回族社会的族群关系》[④] 一文中，探讨了回汉间的文化联系。马建春《浅析族群关系中的文化认同——以河湟地区族群为例》[⑤] 一文中认为，不同族群间的互动关系，与双方间相互作用力及相关族群文化的认知程度存在着一定联系。

第二，关于南方有关族群关系的研究。

刘道超《族群互动中的文化自觉——以广西客家族群关系为例》[⑥] 一文中，认为以文化自觉为指导的族群互动体现了国内族群关系的一般规律与特征，文化自觉是构建和谐社会的根本途径，对构建现代和谐的国内国际族群关系具有显著意义与作用。

在莫氏关于《旅游背景下族群内部关系变迁的实证研究——以“五

① 关溪莹：《当代少数民族关系研究简论》，《社会科学论坛》2011 年第 7 期。

② 罗运胜：《明清沅水中上游地区族群关系演变论述》，《学术论坛理论月刊》2010 年第 3 期。

③ 冯元东：《族际互动下族群关系的调查研究——以宁夏回族自治区灵武市宁东镇回汉关系为例》，《社会工作》2012 年第 6 期。

④ 王东平：《〈冈志〉中反映的明清北京牛街回族社会的族群关系》，《回族伊斯兰教研究》2010 年第 3 期。

⑤ 马建春：《浅析族群关系中的文化认同——以河湟地区族群为例》，《西北民族大学学报（哲学社会科学版）》2005 年第 4 期。

⑥ 刘道超：《族群互动中的文化自觉——以广西客家族群关系为例》，《广西民族研究》2008 年第 1 期。

落钟离山”为例》[①] 的研究中，认为族群关系的变迁是发生在同一个族群的内部，由于旅游资源占有、旅游参与程度、旅游收益等存在异同，产生利益关系所引发的。

在邹立波《封闭中的变迁：近代四川木里的租佃制与族群关系》[②] 的研究中，邹氏给我们提供了一个在共同经济基础下、共同的自然环境下，不同民族关系经过时间的洗刷，达到一个较为融洽的实例。

陈心林在《族际通婚与族群关系——潭溪土家族的实证研究》[③] 一文中，认为由于族际之间通婚的影响，逐渐打破了族际之间的界限，地域范围也被突破，使得两大族群的关系趋于和谐，有效地促进了相关族群的融合。

黄耀江、徐小静、沈光涛、冯金朝、齐震在《藏族迁移及族群关系的研究意义及研究现状》[④] 一文中，认为现有藏族起源迁移的研究以语言学、古人类学、历史学等学科的研究为主，而遗传学或分子生物学方面的研究相对较少。

郭家骥《从矛盾冲突到共同发展——云南黑树林地区族群关系“百年干戈化玉帛”的启示》[⑤] 一文阐明，在特殊情况下，民族内部矛盾也可视为民族问题和民族关系问题，而地域认同会高于民族认同；同时认为，民族工作队在化解民族矛盾和国家权力在协调民族关系中发挥着特殊或关键作用。

刘东旭《流动的族群与族界——从东莞彝人群体看当下城市民族关系》[⑥] 一文以东莞的打工彝人为例，展现他们在与本地社会进行整合的过

---

① 莫代山：《旅游背景下族群内部关系变迁的实证研究——以“五落钟离山”为例》，《黑龙江民族丛刊（双月刊）》2011 年第 2 期。

② 邹立波：《封闭中的变迁：近代四川木里的租佃制与族群关系》，《中南民族大学学报（人文社会科学版）》2010 年第 1 期。

③ 陈心林：《族际通婚与族群关系——潭溪土家族的实证研究》，《贵州民族研究》2011 年第 1 期。

④ 黄耀江、徐小静、沈光涛、冯金朝、齐震：《藏族迁移及族群关系的研究意义及研究现状》，《中央民族大学学报（自然科学版）》2006 年第 2 期。

⑤ 郭家骥：《从矛盾冲突到共同发展——云南黑树林地区族群关系“百年干戈化玉帛”的启示》，《思想战线》2009 年第 5 期。

⑥ 刘东旭：《流动的族群与族界——从东莞彝人群体看当下城市民族关系》，《文化纵横》2012 年第 1 期。

程中，其文化特征的凸显及群体组织的重构，进而探讨在此新背景下，流动少数民族人口的民族意识及族界观念。

李健在《人口流动、族群结构与族际关系——关于西藏山南地区泽当镇的实证调查研究》① 一文研究发现，在西藏山南地区泽当镇，由于人口流动逐渐形成了一种新的族群结构。同时泽当镇各族流动人口在个人特征方面确实存在一定的结构差异。这种差异有其内在的原因，而非因为族群身份所致。还发现，泽当镇总体族际关系较为和睦，但各族对族群关系评价也存在一定差异。

胡明文在《田野中的族群与族群关系的演变——江西“两江”畲族移民村落的比较研究》② 一文中，认为在经历这一系列环境、社会经济、政治制度的急剧变迁后，族群与族群关系存在多样性、同质化和异质化两个相反的社会趋势，这个过程中少数民族在民间精英和政府力量的推动下，极大拉近了各族群之间的距离，有的甚至由相对弱势群体转为社会经济的强势群体，但同时各种差异直接碰撞、直接对抗，给新时期族群关系演变带来了不和谐因素，可能导致新的冲突。

第三，其他对族群关系的研究。

李鸿宾在《唐朝的地缘政治与族群关系》③ 一文认为，决定唐朝地缘格局的因素主要是前朝的政治影响，但其格局一旦确立，外族政治势力的活动，就成为制约并影响唐朝地缘政治的首位因素。具体地说，唐朝前期关中北部的战略格局之建构与后期长安西部战略地位之转移，均是突厥、吐蕃这样有影响的政治势力促成的。

由澳大利亚的科林·麦克拉斯著，李健译的《中国的族群关系》④ 一文主要是对“民族构建与族群性”问题相关的理论性进行了探讨，同时也包括一些关于中国的少数族群政策、教育制度以及双语教育政策的篇章，其核心主题就是族群关系，关注一些与西藏相关的有争议的问

① 李健：《人口流动、族群结构与族际关系——关于西藏山南地区泽当镇的实证调查研究》，《中国藏学》2012 年第 2 期。

② 胡明文：《田野中的族群与族群关系的演变——江西“两江”畲族移民村落的比较研究》，《西南边疆民族研究》2009 年第 1 期。

③ 李鸿宾：《唐朝的地缘政治与族群关系》，《人文雅志》2011 年第 2 期。

④ ［澳大利亚］科林·麦克拉斯：《中国的族群关系》，李健译，《西北民族研究》2011 年第 2 期。

题，包括经济、婚姻、人口结构与迁移，同时探讨了新疆与内蒙古的社会变迁。

从以上的文献回顾中可以看出，学界对于族群关系的研究可谓是各有千秋，有理论概括，也有实证研究，都从不同侧面来探讨影响族群关系的一般的规律，旨在能有效地解决族群关系这一时代性问题。但所有的研究却很少涉及迁移背景下族群关系的变迁。本研究正是在弥补这一缺陷的基础上，在迁移背景下作的关于族群关系变迁的实证研究，并从这一特殊的案例研究中得出有关解决族群关系的一般规律，为和谐的族群关系建设尽笔者之绵薄之力，不当之处还望赐教。

二　历史渊源和由来已久的观念

光明村吊庄移民基本上都是来自宁夏泾源县，一直以来他们都是在迁徙，曾几经周折，最后在泾源县这个群山环绕的小县里安家落户。从此就把根扎在了这里，一晃几代人，而这一住就是近300年历史。由于封建王朝的汉化政策、回族的宗教信仰以及汉民族这个群体的生活习惯，在外部因素的压力下，各族群间原有的差异被扩大化，群体隔阂日趋僵化，彼此之间的关系变得疏远。

正如周敏、黎相宜同写的《多元、动态与差异："移民与族群关系"国际研讨会评述》① 一文中所阐释的观点一样，历史上造成的误解和疏远的关系，经几代人的延续和发展，最终演变成宗教信仰上的问题。两大族群有一道难以逾越的"鸿沟"，回族就是偶尔看到汉族人都会躲得远远的，甚至绕着走。也正是因为这样，两个族群之间不仅没有正常的交流，有时还会发生冲突。这就让两个族群间的"积怨"越来越深。回族印象中的汉族人"肮脏"不可接触，汉族印象中的回族人则"野蛮"、"不讲理"、"惹不起"，因而，两大族群之间的关系就在这种不理解、缺乏交流中形成了对彼此的"刻板印象"。

这种在"刻板印象"下的族群关系形成了彼此之间看待对方的世代观念。这种观念在自然经济的社会里被长久地延续和维持了下来，成了看

① 周敏、黎相宜：《多元、动态与差异："移民与族群关系"国际研讨会评述》，《华侨华人历史研究》2009年第3期。

待族群关系的指标。最终没有了交流、没有了理解，而隔阂和误解以及冲突却成了这两大族群关系的“主旋律”。这种由来已久的观念使族群关系紧张，阻碍了经济的发展和社会的进步，是历史的损失和族群关系的悲哀。

三　“环境”巨变引起的文化震撼

随着历史的发展，原来的生态环境已经越来越承担不了日益增加的人口压力。与此同时，改革开放的春风已开始吹遍了中华大地，新的发展模式，给这个群山环绕的县城带来了几个世纪以来的巨变，从此，“由来已久的”观念随之发生了转化，“积怨”下的族群关系也因此走出了“冰冻期”。

20 世纪 80 年代末 90 年代初，在当时政府的组织下开始了一场规模庞大的生态移民，宁夏泾源县原住回族也就是在这次大规模的生态移民中被迁走一大半。这些迁走的回族基本上被安置在如今的金凤区，即金凤区吊庄移民地区（光明村隶属于它），和永宁县的汉族同处在一个自然环境当中。① 当时的这个地方完全可以说是沙漠，除了沙漠上仅有的几株沙漠植物和生物外，没有任何其他的动植物，烈日炎炎，滚烫的沙子更是无法落脚，每当风起，黄沙漫漫隐天蔽日，被狂风吹起来的风沙在脸上如针扎，一望无际的沙海里，没有一条可以完整地通向外界的路，更别说其他什么完善的基础设施。然而，就是这样，移民到此的回族还是开始了他们的“开荒生活”。

但是，汉族的“肮脏”在他们眼里丝毫没有淡化，一旦有触犯他们信仰的东西，双方还是会毫不客气地发生冲突，更不允许汉族人“占便宜”。汉族人来到他们的居住地也显得很不自在，总被他们“敲诈”；回族人很少去永宁县，即使不得已去了，也总是被当地人“怀疑”和“防备”。就这样，虽然有交往，但是“误解”在两大族群的内心深处依然存在。

① 邹立波：《封闭中的变迁：近代四川木里的租佃制与族群关系》，《中南民族大学学报（人文社会科学版）》2010 年第 1 期。

四　交流中的理解

虽然“误解”很深，但生活的压力还是促使彼此继续来往和交流。正如廖杨在《人类学视野中交往与族群关系》① 所分析的，这个交流过程的伊始，经济交流扮演了不可替代的作用，雇佣关系和买卖关系是整个经济过程的两个“轮子”，日常生活则是两个“轮子”的“中轴”。也正是因为这个“中轴”连接两个“轮子”的稳步推进，才有了两大族群之间的相互理解，如表 1 所示的两大族群的交流状况：

表 1　　两大族群交流

项目＼时间	5—11 月	6—7 月中旬	7—9 月	9—10 月	8 月中旬	1 月中旬—2 月	3—4 月	常年
雇佣关系	浇灌	锄草	摘枸杞	收玉米			播种、耕地、施肥	
买卖关系	交换饰品、日常用品	化肥、农药兼其他	化肥、农药兼其他	日常用品兼其他	买卖麦子	买卖玉米	化肥、农药兼其他	收买家畜、建筑材料

从表 1 我们可以看出，移民群体即回族和汉族群体的交往，几乎可以说涉及两大群体生活的方方面面。

（1）每年 3—4 月份，是当地的春耕时节，两大族群都开始忙着播种。由于当地的汉族几乎都是大农场种植，在春耕时需要大量的人工劳动力来完成耕地、播种和施肥。而当地的回族土地少、人口多，同时为了能生活得更好，需要一份“工作”，于是二者形成需求上的互补，产生了雇佣关系。同时，回族春耕需要种子、化肥，而汉族正好在做这方面服务，这又促成了二者的一个互补，产生了买卖关系。

（2）每年 5—11 月份，是当地农作物一个长久的灌溉期，回族土地少、人多，汉族大农场种植在这时就需要劳动力给农作物浇灌，产生了雇

① 廖杨：《人类学视野中交往与族群关系》，《思想战线》2005 年第 1 期。

佣关系；同时在这个时段，由于天气暖和、物流畅通，汉族的生意人就会带来一些回族的生活必需品，和回族进行买卖或者等价的物物交换，产生了买卖关系。

（3）每年6—7月份，是当地农作物的照顾期即锄草，这时大农场种植的汉民族就会雇用回族闲暇的劳动力来干活，而回族也期待这个时候有活做，补贴家用，二者各取所需，产生了雇佣关系；同时，给农作物锄草需要施肥，回族的人又要从汉民族那里购得化肥，产生了买卖关系。

（4）每年7—9月份，是枸杞的成熟时节。汉族种有大量的枸杞（回族没有种），需要很多人力来摘枸杞。而此时的回族相对比较闲暇，又想要多一份生活收入，就会到汉族那去打工，产生了雇佣关系。

（5）每年9—10月份，是当地的秋收时节，汉族多种的是玉米，回族相对于汉族的玉米来说则少之又少，又有一部分闲暇劳动力，于是就受雇于汉族，帮助汉族收玉米，产生了雇佣关系。

（6）每年8月中旬，回族刚刚收完小麦（汉民族种小麦的少），留足口粮后有一部分就会卖掉，而这个买主就是汉族，由此产生了买卖关系。

（7）每年1—2月份，汉民族过完年就会来到回族地界收买玉米，回族种植的玉米几乎全部都用于出售，把它作为一年的重要收入之一，由此产生了买卖关系。

（8）除以上一些月份具体的交流之外，汉族还会来收买回族的家畜；回族建房子所需的建筑材料，需要汉族来提供。这些都是常年持续不断的。

（9）日常的生活中也有着很多的交流，回族吃穿用行几乎都离不开或者来自汉族的供应。

正是由于以上这些的交流，两大族群之间产生了越来越多的理解，原本冠之于宗教借口的矛盾和隔阂在交流中得到了缓和，在回族看来，汉族人不是真的“肮脏”，不可接触；在汉族看来，回族人已不是原来他们所熟知的“野蛮”、“不讲理”、“惹不起”，而是可以交往的好伙伴。不管在具体的雇佣关系中，还是在买卖关系、日常生活中，两大族群都在彼此尊重和理解着对方。例如，汉族在雇回族人做工的时候会用干净的热水壶烧水；而回族在汉族人到自己的地界上做买卖时，同样会提供一些必要的服务，给些吃的、喝的，等等。这一切都来自交流中的理解，是这种理解让两大族群的关系走出了“冰冻期”。

五 融合中的相互依赖

在日常生活的“中轴”和雇佣关系、买卖关系的“两个轮子”的组合“机器”的运作下，原有的族群关系在理解中逐渐地走出了“冰冻期”。

由于日常生活交往的深入和互相了解的加深，马××让一个经常来回族社区卖东西的“货郎担”阿姨的孩子认成了干妈。每次这位“货郎担”阿姨来到回族社区，马××都会在自己家里用心招待，不仅给吃的、提供临时住处，而且还会把自家的一些东西让她带给她的家人。而这位“货郎担”阿姨，每次出来做生意，都不会忘记给她这位回族干亲带一些生活用品，给自己的干女儿、干儿子带一些好吃的。这个例子在回汉两个族群交往的过程中是一个较为典型的案例。

隔阂开始了“融化”，误解变得理解，回族不断地从汉族那里学习先进的农业技术、引进大量的机器设备来提高农业生产，并把汉族的一些日常生活经验带进自己族群的生活方式，而汉民族则不断和回族产生着联系，并和一些回族小传统社会中的精英成为很好的事业上的朋友。汉族每年不仅有大量的农业需要雇回族来做，还有大量的建筑工程，也需要回族中的能工巧匠和大量的劳动力来完成。这其中就不乏有一些回族中的精英站出来“做主”，来讨论和决定是与否。

正是因为两大族群在彼此生存、生活、发展中的互不相离、互相融合，促使了他们彼此的相互依赖。有了对汉民族的借鉴，回族得以在“沙漠的一角”立足，有了汉族的经济支持，回族才得以不断发展，有了额外经济收入；同样，有了回族的经济响应，汉族的生存、生活压力才得到了缓解，生活环境和生活质量才有了质的飞跃（回族改善了原来黄沙漫天的恶劣环境，并且通过雇佣关系帮助了汉族进一步发展生产，推动了该地区经济的发展），现在的他们已经形成了非常完善的依赖体系。相信这种在融合中形成的依赖体系会成为他们彼此生活、发展的最有力的支柱。同时，也是两大族群关系永久融洽最大的、最实在的保障。

六 你中有我、我中有你的和谐与繁荣

超越精神文化的物质交流，促成了两大族群之间的了解和理解，最终冲破了精神文化上隔阂的“鸿沟”，形成了我中有你、你中有我的大团结。

而今，冲突在两大族群之间已鲜为人知，更不为人所见。在当地我们能见到的更多的是两大族群之间常年不断的合作与双赢。汉族为回族民族提供就业岗位、种子、化肥、农药、技术以及农作物的和家禽、牲畜的销路，为回族带来更多的额外收入；回族则给汉民族提供大量的劳动力、原材料和产品的销售市场。

随着近些年来政府部门促进当地经济发展力度的不断加大，当地移民生活水平也有了很大的改善。各项基础设施也在不断地完善。在改造和建设移民地区的过程中，汉族也扮演了重要的角色。从规划设计到组织实施，汉族贡献了他们的建设经验，提供了大量的经济援助和技术援助。回族也确实在此过程中享受到了汉族给予的帮助，例如建工路、通电、通信等。同时，在汉族不断向前发展的过程中，回族投入了大量的人力和物力，汉族在建设高楼大厦、建工厂、建农场等过程中，回族投入的人数、货车、农运车数以万计。正是因为如此，两大民族在交流、了解、理解后，族群之间的关系才有了前所未有的改善，并且在彼此的交流合作中享受到了双赢的成果，促成了两大族群之间大团结的局面，共同来面对发展过程中的困难险阻。

七 结语

回族与汉族在历史上形成的隔阂，在交流中最终得到了化解。从中我们可以得出一些很明显的结论：

第一，族群关系之所以紧张，首先在于不同民族因生活环境的不同而形成的不同的文化和价值观念。其次是历史上封建统治阶级为了更有效地统治而蓄意造成的族群之间的冲突、误解及隔阂。同时，统治者把这种文化的不同，族群之间的冲突、误解和隔阂，在长期的历史发展中作用到宗教信仰，导致族群关系的紧张和恶化。

第二，精神文化上的不同，甚至是冲突、误解和隔阂，是不易从这方面本身来着手解决族群关系的矛盾，更不能把一方的精神文化强加给另一方，这样只会造成更大、更深刻的冲突、误解及隔阂。

第三，物质文化的交流可以冲破精神文化上的阻隔，并且最终能够软化精神文化的隔阂，促成精神文化上的了解、理解和尊重，进而缓和族群之间的紧张关系。

光明村吊庄移民及回族与永宁县汉族之间的关系，经过了近20年的相互交流、了解和理解，最终达到了一个相对和谐的状态。这个过程中物质文化的交流扮演了“破冰者”的角色，而两大族群之间关系持久的融洽，需要精神文化上的交流、了解、理解和尊重，物质文化只能为族群关系得到改善起到一个桥梁纽带的作用。总而言之，族群关系的融洽与否，沟通和交流是绝不可少的必要条件，只有沟通和交流才能使彼此相互了解，才能消除对抗，最终达到融洽、合作双赢和团结。

附录1

研究设计

一　调查的意义

（一）现实意义

以“迁移”为背景，把两大族群的关系放在巨大的环境变迁、原有的生活基础被打破需要重新构建的基础上（族群间原有的物质基础不复存在，几乎一切的要素都在动态的磨合和进一步寻求整合的当中，文化震撼一次比一次强烈，不同族群由来已久的观念都在寻求着新的理解和接受，进而形成新的、共有的、彼此相互理解的、融洽的价值理念的过程）来考察。据此研究“迁移”在族群关系的演变中扮演的角色（或者起的作用），和影响族群关系的因素，以及为建立融洽和谐的族群关系给予一些建设性的建议，推动地区发展和稳定。

（二）理论意义

基于现有的族群认同理论，即情境论（或工具论）[①] 和拉德克里夫—

① 周大鸣、秦红增：《文化人类学概论》，中山大学出版社2009年版，第87页。

布朗结构功能主义[①]的启发，研究和解释中国国内的族群现象，进而探讨适于解决国内族群关系的本土化理论，并在此基础上贡献笔者的一份绵薄之力。

二　调查时间

笔者在2008—2013年对该地区作了现状调查、经济社会发展和教育状况的调查以及有关族群关系的调查研究，同时比属于这个社区的人，对该地区有着切身的感触，在之前的研究中也积累了较多的第一手资料。在此基础上，笔者结合自身所学，再次深入该社区作有关族群关系的研究，以下是笔者对这次研究的时间进度安排：

（1）2012年10月—2012年12月，选定课题，并收集相关资料；

（2）2013年1月15日—2013年2月20日，设计调查访谈问卷，进行相关的调查访谈，收集第一手资料；

（3）2013年2月25日—2013年3月10日，进行资料的整理和分析；

（4）2013年3月15日—2013年4月结题，撰写论文。

三　调查地点

宁夏银川光明村

四　调查对象

光明村吊庄移民及来该社区的永宁县汉族

五　调查内容

（1）回族迁移前的生产生活环境

（2）回族迁移与汉族的关系

（3）回族因为什么而迁移

（4）迁移后两大族群关系发生了什么变化（从雇佣关系、买卖关系等交流上入手）

（5）这个认识理解的过程需要多少时间？又需要什么来长久地维持

---

① 参见黄淑娉、龚佩华《文化人类学理论方法研究》，广东高等教育出版社1996年版，第138—145页。

融洽的族群关系？

（6）两大族群关系的现状

六 调查方式

（1）参与观察法

（2）访谈法

（3）查阅文献法

七 准备情况

时至今日笔者关于光明村吊庄移民的研究已有好几个年头，先后撰写了《搬迁后生存现状——金凤区兴源村等村居民生存现状调查》（2008 年 5 月）、《了解现实，憧憬未来——宁夏吊庄移民生活与教育现状调查》（2009 年 3 月）、《关于移民生活现状调查——以光明村为例》（2011 年 4 月）三个调查研究报告。在此过程中笔者积累了较为丰富的调查研究经验，对当地生活也有了一个较为全面的了解。

（1）制定课题：《迁移背景下族群关系的变迁——基于光明村吊庄移民的研究》

（2）确定调查对象：光明村吊庄移民

（3）设计调查访谈问卷

（4）准备调查工具：笔、调查访谈问卷、文件夹、相机、手机、自行车、工具包

（5）查阅相关研究资料

（6）必要的经费

八 后期工作

继续观察和研究吊庄移民地区的发展变化，丰富研究成果，争取从研究中为当地人带来实实在在的效益，推动该地区又好又快发展，为更多的族群研究提供参考。

附录 2

访谈提纲

一 针对回族族群的访谈提纲

1. 我们以前住的地方怎么样?

2. 你觉得和现在相比有什么不同?

3. 我听说我们没有搬迁之前和汉族的关系不太好，您能细细说一下吗？我对这个很感兴趣。

4. 我觉得我们回族现在和汉族相处得还不错，您能说说原因吗?

5. 我们搬到这个地方后，回族和汉族的关系发生了啥变化？麻烦您仔细说说。

6. 您觉得现在我们和汉族的关系怎么样？是啥原因让我们的关系发生了变化?

7. 您现在认为汉族怎么样？我们该如何处理和他们的关系？比如在宗教问题上。

二 针对汉族的访谈提纲

1. 回族没有迁来这里的时候您听过关于回族的哪些事？您对回族了解多少?

2. 回民刚刚迁来的时候您对回族的印象是什么样子?

3. 回族刚迁来时你们和他们的关系怎么样?

4. 现在你觉得你们和回族的关系怎么样？和以前相比发生了哪些变化？您可不可以仔细给我讲讲?

5. 您现在对回族的印象是什么样的？和回族交往你觉得最关键的是什么?

6. 您认为你们和回族关系发生转变的原因是什么?

7. 您认为在之后的相处中和回族交往该怎样做才最合适?

参考文献

［1］周大鸣:《论族群与族群关系》,《广西民族学院学报（哲学社会科学版)》2001 年第 2 期。

[2] 徐桂兰:《人类学的重要课题族群与族群关系——庆贺容观教授从教50周年暨族群与族群关系学术讨论会综述》,《广西民族学院学报(哲学社会科学版)》2001年第2期。

[3] 马戎:《族群关系变迁影响因素的分析——民族学社会学连载之二》,《西北民族研究》2003年第4期。

[4] 马雪峰:《社会学族群关系研究的集中理论视角》,《西北民族研究》2007年第2期。

[5] 周敏、黎相宜:《多元、动态与差异:"移民与族群关系"国际研讨会评述》,《华侨华人历史研究》2009年第3期。

[6] 廖杨:《人类学视野中交往与族群关系》,《思想战线》2005年第1期。

[7] 关溪莹:《当代少数民族关系研究简论》,《社会科学论坛》2011年第7期。

[8] 罗运胜:《明清沅水中上游地区族群关系演变论述》,《学术论坛理论月刊》2010年第3期。

[9] 冯元东:《族际互动下族群关系的调查研究——以宁夏回族自治区灵武市宁东镇回汉关系为例》,《社会工作》2012年第6期。

[10] 王东平:《〈冈志〉中反映的明清北京牛街回族社会的族群关系》,《回族伊斯兰教研究》2010年第3期。

[11] 马建春:《浅析族群关系中的文化认同——以河湟地区族群为例》,《西北民族大学学报(哲学社会科学版)》2005年第4期。

[12] 刘道超:《族群互动中的文化自觉——以广西客家族群关系为例》,《广西民族研究》2008年第1期。

[13] 莫代山:《旅游背景下族群内部关系变迁的实证研究——以"五落钟离山"为例》,《黑龙江民族丛刊(双月刊)》2011年第2期。

[14] 邹立波:《封闭中的变迁:近代四川木里的租佃制与族群关系》,《中南民族大学学报(人文社会科学版)》2010年第1期。

[15] 陈心林:《族际通婚与族群关系——潭溪土家族的实证研究》,《贵州民族研究》2011年第1期。

[16] 黄耀江、徐小静、沈光涛、冯金朝、齐震:《藏族迁移及族群关系的研究意义及研究现状》,《中央民族大学学报(自然科学版)》2006年第2期。

[17] 郭家骥：《从矛盾冲突到共同发展——云南黑树林地区族群关系“百年干戈化玉帛”的启示》，《思想战线》2009 年第 5 期。
[18] 李健：《人口流动、族群结构与族际关系——关于西藏山南地区泽当镇的实证调查研究》，《中国藏学》2012 年第 2 期。
[19] 胡明文：《田野中的族群与族群关系的演变——江西“两江”畲族移民村落的比较研究》，《西南边疆民族研究》2009 年第 1 期。
[20] 李鸿宾：《唐朝的地缘政治与族群关系》，《人文雅志》2011 年第 2 期。
[21] [澳大利亚] 科林·麦克拉斯：《中国的族群关系》，李健译，《西北民族研究》2011 年第 2 期。
[22] 黄淑娉、龚佩华：《文化人类学理论方法研究》，广东高等教育出版社 1996 年版。
[23] 周大鸣、秦红增：《文化人类学概论》，中山大学出版社 2009 年版。
[24] 宋蜀华、白振声：《民族学理论与方法》，中央民族大学出版社 1998 年版。
[25] 王宁生：《文化人类学调查——正确认识社会的方法》，文物出版社 1996 年版。

人类学与民间信仰

甘肃舟曲地区“婆婆”信仰的人类学研究

姚梦元

摘　要：在甘肃省舟曲县地区存在着一位功能强大、信众广泛的地方神——“婆婆”。“婆婆”正统的称呼是“九天圣母子孙娘娘”（道教神灵），是古人为了祈子求福，保佑子孙兴旺而供奉的神灵。迎“婆婆”活动充分体现了当地人祈求人丁兴旺、子孙昌盛的美好心愿和良好祝愿，迎“婆婆”也是遗留下来的一种带有浓厚色彩的民俗活动，其信仰仪式活动充满了佛道融合的现象。笔者依据田野调查和文献查阅获取资料，对甘肃省舟曲地区的“婆婆”信仰进行描述，认为“婆婆”信仰的这些仪式是在佛道融合的影响下产生并传承的，并尝试运用人类学的相关理论进行简单的解读。

关键词：舟曲；“婆婆”；仪式；人类学

舟曲县，位于甘肃省南部，甘南藏族自治州东南部，全县总面积3009.9平方公里，辖2镇17乡，人口13.70万，其中藏族占34%。[①] 舟曲属亚热带暖温季风气候区，气候温润，风光旖旎，冬无严寒，夏无酷暑，素有“陇上桃花源”之称，也有“藏乡江南，泉城舟曲”的美称。2010年的泥石流给舟曲带来了巨大的损失。灾害过后，对于舟曲以及舟曲的重建研究主要集中在医学卫生、农业恢复、建筑等方面，而从文化视角出发的研究则相对较少。该县的群众除信仰藏传佛教外，还信仰一位几乎万能的地方神——“婆婆”。该神在舟曲地区地位极高，香火旺盛。在泥石流发生之后，当地流传着一个“‘婆婆’奇迹”：泥石流冲毁了沿岸

① 邹卫国：《舟曲史话》，甘肃文化出版社2010年版，第3页。

的所有建筑，月圆村除位于当地的婆婆庙外整个村落几乎全部被泥石流冲毁。这就是当地流传的关于“婆婆”的一个奇迹。从此以后，当地人越发信仰“婆婆”，同时认定月圆村的“婆婆”是众多“婆婆”中最为灵验的，也使得该村的“婆婆”及其他山上的“婆婆”香火日益旺盛，信众规模增大。

一　“婆婆”及研究背景

1. “婆婆”

“婆婆”是舟曲地区独特的地方神。“婆婆”正统的称呼是“九天圣母子孙娘娘”，隶属道教神灵，是古人为了祈子求福、保佑子孙兴旺而供奉的神灵。据说，“婆婆”的原型是周文王姬昌三宫六院的嫔妃。因为传说周文王有99个儿子（加上义子雷振子，就是一百个），后代十分兴旺，所以迎“婆婆”活动充分体现了人们祈求人丁兴旺、子孙昌盛的美好心愿和良好祝愿，后与藏传佛教融合成为无所不能的神。据《舟曲县志·节令习俗篇》记载：舟曲县称圣母娘娘为“婆婆”。迎“婆婆”是遗留下来的一种带有浓厚色彩的民俗活动。①

据马宁考证，“婆婆”应是“送子娘娘”的变形。② 由于舟曲地处甘、川、青三省的交界地带，具有很强的战略意义，故大量汉族人口迁入该县境。在县志中也明确记载了明朝时汉族人口大量迁入的这一事实。马宁认为：“外来的汉族带来了原居住地的神‘送子娘娘’来保佑生育，这应该是‘婆婆’的原型，久而久之便形成了带有舟曲特色的地方神信仰‘婆婆’。‘婆婆’起初只管本地生育，并没有其他功能，但后来受藏传佛教等宗教影响，才成为无所不管的全能神。”

2. 研究背景

众所周知，中国是一个由56个民族共同组成的统一的多民族国家，其文化具有底蕴深厚、多元丰富等特点。自古以来，中国人热衷研究的文化之一便是“神灵”，而笔者认为最具特色、最具魅力的不是官方的宗教

① 《舟曲县志》，生活·读书·新知三联书店1996年版。

② 马宁：《论舟曲地方神“婆婆”与藏传佛教的关系》，《西藏民族学院学报（哲学社会科学版）》2005年第1期。

信仰，而是民间信仰中的神灵崇拜。

民间信仰是中国信仰文化的一大特色，而民间信仰的概念却是始于日本，1897 年 5 月，东京帝国大学姊崎正治教授，在仙台等地进行宗教调查后发表了论文《中奥的民间信仰》，在这篇论文中他提出了民间信仰的概念。1985 年日本的《大百科事典》对民间信仰的定义是：“民间信仰是指没有教义教团组织，属于地方社会共同体的庶民信仰，它也被称为民俗宗教、民间宗教、民众宗教或传承信仰。”甘肃省舟曲地区的“婆婆”是地方神灵，属于民间信仰。为区别民间信仰与官方宗教，民间信仰这一文化体系包括信仰、仪式和象征，在这三个部分中，仪式是民间信仰的主体和灵魂。王铭铭在《中国民间宗教：国外人类学综述》中提到：“中国民间的宗教文化包括信仰（神、祖先和鬼）、仪式（家祭、庙祭、墓祭、公共节庆、人生礼仪、占验术）和象征（神系的象征、地理情景的象征、文字象征、自然物象征）三大体系。”“地方性崇拜的节庆常常被称为‘庙会’，或者更全面地称作‘迎神赛会’。他们所庆祝的神都是一个地域的保护神，职责范围一般较广。”[①] 同时，王斯福认为，汉人的民间宗教隐含着历史上帝王统治的影子，但在地方上民间仪式的实践具有地域性。官方的仪式通过宇宙仪式化，在象征上创造帝国的象征政治格局。对民间而言，这种格局成了仪式上的傀儡，操演它的是地域化的社区与民间权力代表人，如道士、士绅与民众。[②]

舟曲地区的“婆婆”信仰是民间信仰的一种，而且是职能日益宽泛的地方神灵。笔者查找文献发现，对于“婆婆”的研究甚少，以人类学、民族学为视角的就更是寥寥无几，故笔者的分析研究主要是沿着国外对中国民间宗教信仰的研究——中国学者对地方神的研究——甘青川藏地区地方神信仰的研究——“婆婆”信仰的研究这样的范围由大到小的线索进行的，并试图运用已有的民族学人类学知识去解读这一文化现象。

① 王斯福：《帝国的隐喻》，江苏人民出版社 2005 年版，第 15 页。

② 同上书，第 10 页。

二 信仰与仪式

在舟曲地区，以舟曲县城附近的婆婆庙为信仰中心的“婆婆”信仰，在其产生和发展中深受佛教的影响，其信仰和仪式出现了很多佛道融合的特色现象。

1. 信仰

在汉藏杂居的舟曲地区，笔者查找文献及实地的调查发现，“婆婆”信仰的主体民族是汉族，藏族民众主要信仰藏传佛教。“婆婆”在受藏传佛教的影响后功能逐渐强大，成为无所不能的神。笔者调查发现部分藏族也在信仰该神，藏族群众跟随汉族群众参与迎“婆婆”活动，也有上香、点灯、许愿等行为，但依然承认自己是坚定的藏传佛教信徒。

通过访谈情况可知，“婆婆”信仰在当地几乎是众所周知的。对于“婆婆”的数量存在着一些争议：16 位或者 19 位，一般认为是 16 位，其他三位因距离舟曲县城较远则不计在内。对于“婆婆”的功能大体可以归结为求子、保平安、升迁入学，求顺利，求事成，甚至可以说“婆婆”是无所不能的。在实地调查过程中笔者发现了一个颇为有趣的现象：藏族群众有行为上的信仰，但在心理上却是坚决否定的，出现了信仰认同上的摇摆。这也形成了甘肃舟曲地区独有的信仰文化。

2. 仪式

“婆婆”信仰的仪式主要是每年农历的正月十九举行的迎“婆婆”活动，也是舟曲地区最具特色的庆元宵民俗活动之一。据传，舟曲的迎“婆婆”活动始于隋朝时期。当时经过三国至南北朝 300 多年的战乱之后，北方地区人丁稀少、一片萧条。隋文帝杨坚统一了北方之后便采取了一系列发展生产的措施并复兴宗教教化安民。当地官民在举行元宵庙会时祭请当地苯教善神“婆婆”“出巡散福”，而后便形成了每年正月十九“迎婆婆”的定例。迎“婆婆”活动可分为三个阶段，即准备阶段、仪式过程和活动结束。

一是准备阶段。

传说正月十九这天，子孙娘娘要出巡散福，迎“婆婆”即是迎接子孙娘娘来赐福。为庆祝该活动，大约从正月十五就开始准备。在迎“婆婆”下山时，各寺院的群众需要将婆婆盛装[①]打扮，妇女和老人会制作荷包、挂饰，工艺品等。在正月十九这一天晚上将这些饰品挂在轿子以及雕像上。正月十五元宵节前后大家到“婆婆庙”观赏香客敬献的各种工艺品。没有子孙的妇女则求儿求女求孙，不许愿的妇女则细细欣赏各种手工艺品来学习“女红”技艺并摘取自己中意的饰品拿回家学，第二年加倍偿还。另外，请“婆婆”下山时，要准备好乐队，至于抬轿子的人，年轻的青壮年会争先恐后参与的。近几年越来越多的妇女争相抬轿以求福泽。

在县城里等待“婆婆”下山的群众主要分为两个部分，一部分是较为虔诚的信众，即“会长”和“会员”，另一部分仅仅是单纯参与的人。

对于单纯的参与者来说，在迎“婆婆”前，要在各家门前摆好供品，主要有水果和干果；准备香炉和香；将要去庙里点的灯准备好，灯罩一般要用整齐的四块玻璃将四周黏合稳固，顶部一般情况下用玻璃，底部可用玻璃也可不用，这样可以防止因风大或者走动时造成蜡烛熄灭情况的发生；有的还要准备烟花和鞭炮等。

当地人为庆祝迎“婆婆”仪式前的“上会”，则组成包括会长和会员的组织，这个组织本着自愿原则。该组织的会长没有资格限制，只要有心就都可以担任，这个组织一般是由少数几家组成的，目的是为“上会”做准备，会长是轮流来担任的，以家庭为单位，主要职责有两个，一是制作供品，这个供品包括 tuo（二声）子（方言中一种面制品的统称，一般包括蟠桃、莲花、石榴、佛手等形状的面制品及馓子等）、新鲜的水果、干果；另一个任务是在正月十九那晚负责定时点灯、上香，保证香不灭灯不熄，并要负责卫生的打扫，守夜并下“圣面”[②]，同时要给香油钱。在活动开始前会员们集中在会长家吃饭，在散会（吃会）时，也要集中分食供品。

---

① 盛装：一般是指大家把木雕的“婆婆轿”精心装扮挂上绣品、工艺品、香包等，在彩灯上缀上彩花、明镜，给“婆婆”雕像戴上凤冠，穿上蟒袍、霞帔、绣花鞋。（资料来源于访谈和现场观察）

② 圣面，是在正月十九迎“婆婆”后的一种仪式行为，一般在晚上 12 点后给“婆婆”做圣面，一般情况下会连做两个晚上。

图1　会长为迎"婆婆"前的上会所制作的供品

二是仪式过程及结束。

正月十九夜，各寺庙的群众把盛装的"婆婆"神像用轿抬到隆庙山与其他"婆婆"会合。在迎"婆婆"时抬轿子的一般都是刚刚结婚的男子，也有年轻的妇女，大家为求子而相互争抢抬轿子。16位出巡散福的"婆婆"各自由乐队开道，一般为中老年男子组成的乐队，乐器主要为大鼓、二胡、唢呐等，随后是童男童女和手持各种器具的仪仗队，也有中老年男子组成的乐队，场面热闹非凡。然后，16位"婆婆"的轿子由本村人拥戴着按名次、道路排列，依次缓缓下隍庙山进城。另一种说法是直到快进到城里时才开始按照名次排序，在那之前可以自由行进。进城后，家家门前陈香案、供品，每迎一位"婆婆"，这家便要磕头，也必然会放鞭炮、烟花等。在可能的情况下也会敬轿夫烟酒，以示虔诚迎道。藏汉群众，特别是少妇争抢"婆婆"轿上的荷包等饰品，据说一方面为求子，另一方面便是希望自己的女红手艺可以有所进步，但是现在更多的是求子和抢福气的象征。在活动过程中颇具特色也受大家喜爱的一项活动就是"钻轿子"，妇女小孩从轿底钻过以求福求子。也有大人在两边将婴幼儿递接过去，让婴幼儿也沾染些福气。迎"婆婆"大约从晚七点开始一直进行到凌晨三点半，天将亮时，"婆婆"们便被抬到各自的寺庙，又重新盘坐在莲花台上。至此，舟曲的元宵节方告结束。舟曲县迎"婆婆"活动在正月十五元宵节前就开始准备，仅准备工作就前后近一个星期，可见当地人对于"婆婆"的尊重和虔诚信仰。

三 信仰仪式的人类学解读

“婆婆”是舟曲地区特有的地方神，在其发展过程中形成了与藏传佛教有交融的信仰体系。“婆婆”信仰的仪式除日常以个人或者家庭为主的去庙里烧香祈福外，最主要的就是正月十九的迎“婆婆”活动。

图 2 庆祝迎“婆婆”活动

通过仪式，向“婆婆”求子、求安，保佑地方安康，风调雨顺等。“婆婆”是舟曲地区的地方神，是该地区汉族人祈求顺利的神灵。以个人或家庭为单位的祈求仪式，主要目的是求子或为家庭、家族求安祈福。在访谈过程中，笔者了解到青年人和中年人的祈福欲望和行为更为强烈。对于正月十九的迎“婆婆”这个大型的集体性仪式，除为个人及家庭祈福外，则是祈求“婆婆”保佑地方太平。尤其是在 2010 年的泥石流后，这种关于地区平安福祥的愿望就显得更为强烈。同时，我们也看到了，×“婆婆”信仰也日趋功利性。因此，这些大小仪式受到了群众的热烈追捧。

法国社会学年刊学派大师戴维·埃米尔·杜尔凯姆（David Emile Durkheim）对于宗教有其独特的见解，他指出，宗教具有对于整个社会和社会个体两个层次上的功能。在第一个层次上他又将宗教功能分化为两种：第一，宗教是集体情感与观念的沟通关系，在仪式上，人们发泄感情、交流思想、情感；第二，宗教是规范社会关系的手段，使人们产生向心力。舟曲地区的“婆婆”信仰虽然是一种民间的地方神信仰，却也有着相类似的宗教功能。如在泥石流过后大多人都曾去婆婆庙里祈求地区平安，同时希望大型庆祝灾后三年举行的迎“婆婆”活动，来祈求“婆婆”赐福，这些活动都为群众提供了一个宣泄感情、表达愿望的方式，在表达感情的同时又增进了成员之间及群体之间的团结。[①] 在第二个对于社会个人的层次上，杜尔凯姆认为宗教能够使个人变得更加自信、更加有力量等。在“婆婆”信仰中，许愿还愿这样的形式给人一种希冀，达到自我安慰、自我满足的效果。

“婆婆”信仰的仪式中存在着多种宗教文化的融合现象。在迎“婆婆”的活动中，主要以汉族为主，但是藏族同样参与其中，上香、叩拜以及“禀告—许愿—还愿”这个流程等是道佛皆有的仪式礼仪。马宁认为：“‘婆婆’信仰并无准确的创始人，在其发展过程中只能借鉴信仰广泛的藏传佛教，藏传佛教中的叩头、献贡、祈祷、还愿等崇拜礼仪和祈求礼仪都被‘婆婆’吸收，并程式化了。”[②] 在“婆婆”信仰与藏传佛教信仰共同发展过程中，两者互有帮助。在迎“婆婆”时，婆婆庙的庙管一定会请各寺院的喇嘛参加诵经的祈福活动，喇嘛们也都会欣然前往，这已经成了陈规，可见道教信仰中融入了藏传佛教成分。[③] 每当寺院有重大的佛事活动时，婆婆庙的庙管也会参加搭礼，可见藏传佛教信仰中也吸收了道教成分。舟曲县所处的甘南藏族自治州为道佛融合提供了地理条件，而信众从自身需求出发的信仰行为也模糊了佛道二教的界限。在现代社会中，人们主要是从减轻压力、追求名利等出发去信奉宗教，这也使得人们本身就会去较为灵验的庙宇祈福，更多的是以一种自我为中心的态度去关注佛教和道教中有益于自身的东西，导致很多人认为“婆婆”是佛教神灵。由此可见，在“婆婆”信仰的信众和仪式中形成了道佛融合的现象，形成了和而不同的特殊的文化景象。

---

① 陆敏珍：《区域性神祇信仰的传承及其对地方的影响——以浙江“胡公大帝”信仰为例》，《北京理工大学学报（社会科学版）》2005 年第 6 期。

② 马宁：《论舟曲地方神“婆婆”与藏传佛教的关系》，《西藏民族学院学报（哲学社会科学版）》2005 年第 1 期。

③ 班班多杰：《和而不同：青海多民族文化和睦相处经验考察》，《中国社会科学》2007 年第 6 期。

笔者调查过程中，看到了藏族群众在信仰上出现的认同摇摆：行为上有信仰迹象，会去婆婆庙里求签、点灯等，问到时却坚信自己不信仰“婆婆”而是信仰藏传佛教。民族杂居地区的民间信仰出现这种信仰认同应该是很正常的。我们把宗教作为一种社会行动，把信仰认同视为一种“宗教的行动单位”，那么，宗教认同就应当是一种试图通过神圣资源的分配、共享和对象征权力的定义方式，而建立的身份认同方式。它是对已存在的个人信仰的发现和再发现，同时也是对宗教信徒的社会身份的一种再建构。① 这种信仰认同出现的偏差，笔者认为主要有以下几个原因。在当地很多人将“婆婆”视为佛教体系神灵，认为与藏传佛教并无太大差异，故信仰“婆婆”也是在信仰藏传佛教；有些藏族群众认为心理信仰才是真正的信仰，行为并不那么重要，这是个人对于信仰的观念；生活在以汉族为主的地区，文化融合是难以避免的，尤其是对于地方神灵的信仰。

对于仪式的研究是为了深层次剖析文化背后的意义。格尔茨主张用“深描”去解读文化，一系列的仪式、禁忌等背后都隐藏着这种信仰的意义和价值。迎“婆婆”这一信仰活动以及“婆婆”奇迹发生后信众增加的现象，让我们看到了“婆婆”信仰功利性增加的趋势。除正月前后去婆婆庙里上香祈福外，越来越多的人大事小事都会前去庙里上香求事成，虽然整体性的群体庆祝仪式依然沿袭，但是日常以个体或家庭为单位的敬仰意识逐渐加强，甚至有取代整体性庆祝信仰意识的趋势。这种情况反映出为满足个人需求的意义日益增强，同时“婆婆”的神秘性使得其灵验性较高，功利性也越发强烈。

总之，甘肃舟曲地区的“婆婆”信仰虽然主要以汉族信仰为主，但是该信仰的形成与发展过程中受藏传佛教影响，形成了佛道融合的、具有地方特色的地方神信仰体系。

参考文献

[1] 王斯福：《帝国的隐喻》，江苏人民出版社 2005 年版。

[2] 蒋俊：《地方神明构建脉络之解读——以陈靖姑信仰为中心》，《研究生论坛》2008 年第 1 期。

① 李向平：《信仰认同与宗教模式——儒耶两教的信仰认同比较》，引于社会学视野网。

[3] 王铭铭：《地方道教与民进信仰——“法主公”研究笔记》，《民俗研究》1997 年第 4 期。

[4] 周翔宇、刘涛：《民间佛道融合现象考察》，《温州大学学报（社会科学版）》2012 年 5 月第 25 卷第 1 期。

[5] 王文文：《道教与民间宗教的圆融》，《重庆科技学院学报（社会科学版）》2012 年第 1 期。

[6] 范正义：《民间神话信仰与道教的互动——以闽台保生大帝信仰为例》，《华侨大学学报（哲学社会科学版）》2005 年第 4 期。

[7] 魏金济、瞿宏州：《民间信仰与地方社会的变迁——以大河坪乡马安潭村杨氏佛坛为例》，《怀化学院院报》2012 年 6 月第 31 卷第 6 期。

[8] 陆敏珍：《区域性神祇信仰的传承及其对地方的影响——以浙江“胡公大帝”信仰为例》，《北京理工大学学报（社会科学版）》，2005 年第 6 期。

[9] 何敦培：《湖南民间信仰及其与地方社会的关系》，《民族论坛》2008 年第 10 期。

[10] 陈勤建、尹笑非：《地方神灵民间信仰与民众生活的互动联系——以黄道婆、王元（日韦）等地方神灵为例》，《西北民族研究》2011 年第 1 期。

[11] 班班多杰：《和而不同：青海多民族文化和睦相处经验考察》，《中国社会科学》2007 年第 6 期。

[12] 看本加：《安多藏区文昌神信仰的人类学研究——以赤噶尤拉颇章为例》，《西北民族大学学报（哲学社会科学版）》2008 年第 2 期。

[13] 看本加：《安多藏区的文昌神信仰仪式研究》，《西南民族大学学报（人文社科版）》2009 年 6 月第 214 期。

[14] 看本加：《安多藏区的文昌神信仰研究》，《世界宗教研究》2011 年第 1 期。

[15] 马宁：《论舟曲地方神“婆婆”与藏传佛教的关系》，《西藏民族学院学报（哲学社会科学版）》2005 年第 1 期。

[16] 马宁：《甘肃南部林区族群生态文化的生态人类学研究——以舟曲县 3 个藏汉村寨为例》，《西藏研究》2010 年 2 月第 1 期。

[17] 徐向阳、闵文义：《甘肃汉藏杂居村庄民族关系现状——以舟曲县嗄麦诺村为个案》，《北方民族大学学报（哲学社会科学版）》2009

年第 3 期。
[18] 马宁：《甘南舟曲藏族“朝水节”习俗的人类学分析》，《湖北民族学院学报（哲学社会科学版）》2009 年第 3 期。

附录

笔者在进行调查时为获取详细、有效、重要的信息，采用了访谈的方法。对于“婆婆”信仰及其仪式的相关内容的调查整理出来几则重要的且有代表性的访谈记录附着在此。

1. 老人，女，汉族，80 岁，采访地点：甘肃舟曲县曲瓦乡曲瓦村。

知道“婆婆”信仰，在她很小的时候就知道。据她所言，“婆婆”共有 19 位，并知道是道教神灵，“婆婆”有求子、求平安、求好事的功能，曾在孙女考学考工作时多次去婆婆庙里上香求签。随后讲述了附近的一位“婆婆”的来历。村子里的部分藏族也信仰的，他们也去庙里烧香许愿。

2. 藏族老人，男，67 岁，汉语较为流利，采访地点：舟曲县馨苑小区附近。

信仰藏传佛教，曾去过拉萨朝觐。知道“婆婆”信仰，认为这个信仰主要是汉族人信仰的，藏族人不信。但是在问及是否参加过有关“婆婆”信仰等活动的时候，承认在正月十九迎“婆婆”时在家门口有点灯、上香等行为，但从不进婆婆庙。

3. 藏族老人，女，63 岁，可以听懂汉语但讲得不流利，采访地点：舟曲县月圆村附近。

知道“婆婆”信仰，仅仅在迎“婆婆”时上香、点灯，但是从来不进婆婆庙。信仰藏传佛教。认为“婆婆”是佛教中的一位神灵。

4. 洪艳芳，女，汉族，29 岁，采访地点：舟曲县馨苑小区内。

“婆婆”奇迹发生在月圆村，而此人为月圆村何氏家族中对“婆婆”信仰较为了解的。舟曲县城附近共 16 位“婆婆”，有的说是 19 位，是把较远的山上的“婆婆”也算在内了。泥石流后，月圆村的“婆婆”被认为是最灵验的，所以越来越多的人来这边的婆婆庙求子、求平安等。“婆婆”还是以求子为主，庙里挂着桃子和石榴，在向“婆婆”许完愿之后闭着眼睛去摸挂着的水果。如果抓到石榴意味着求得女孩，抓到桃子意味着求得男孩。当孩子出生后要来还愿，不管是不是所得为所想，都要来还愿。还愿时最少是你当时抓得的水果的一对，也可以还当时许愿时许下的东西。“婆婆”信众还是以汉族为主，藏族只是参与，并不承担庆祝的重要内容。在迎“婆婆”时，最有趣也是最重要的一个环节就是“钻轿子”，也就是在“婆婆”神像下面钻过去，没有固定方向，所以“钻轿子”的人很多经常出现踩手撞头的事情。在迎“婆婆”时，19位“婆婆”各自下山，这时候没有顺序，但是到了县城内是有一定顺序的。当“婆婆”经过家门时要点灯、上香、奉供品、磕头。

5. 洪某，女，汉族，18岁，采访地点：舟曲县城关桥。

知道“婆婆”信仰和迎“婆婆”的活动，也参加过“钻轿子”活动，知道“婆婆”的求子、求平安等功能。认为藏族是不信仰“婆婆”的，他们是信仰藏传佛教的。

6. 理发店店员，女，汉族，19岁，采访地点：舟曲县城内某理发店。

了解“婆婆”信仰，迎“婆婆”时点灯、上香，去婆婆庙求签、求顺利。在问及藏族是否也信仰“婆婆”时，认为藏族人也是信仰的，但主要是年轻人。她经常看到年轻的藏族人去庙里祈福、上香，也有求子的。认为二郎山和月圆村的“婆婆”是最灵验的，也是信众最集中的地方。

7. 洪姓夫妻，均为汉族，男，59岁；女，57岁。

对“婆婆”很了解，当地人为庆祝迎“婆婆”仪式前的“上会”会本着自愿原则组成包括会长和会员的组织。这对夫妻家则担任过会长，这个会长没有资格限制，只要有心就可以。这个组织一般是由少数几家组成的，为“上会”做准备。会长是轮流来担任的，以家庭为单位。主要职责有两个，一是制作供品，这个供品包括tuo子（方言中一种面制品的统称，一般包括蟠桃、莲花、石榴、佛手及馓子等）、新鲜的水果、干果；另一个任务是在正月十九那天晚上负责定时点灯、上香，保证香不灭灯不熄，并要负责卫生的打扫，守夜并下圣面，同时要给香油钱。在活动开始前会员们集中在会长家吃饭，在散会（吃会）时，也要集中分食供品。“婆婆”最主要的功能还是求子、保平安。在迎“婆婆”时抬轿子的一般都是刚结婚的男子，为求子而相互争抢。在给“婆婆”还愿时除所许愿时的承诺，还会给做衣服。在问及藏族人是否也信仰时，答道他们是不信的，只是为了凑热闹，在迎“婆婆”

时给上个香、点个灯，他们还是主要信佛教的。受访的大伯在提及婆婆庙时为笔者画了一幅图，大体意思为在婆婆庙中不仅仅供奉“婆婆”，还供奉着“老爷”和“山神”等，而且特别强调不允许拍照，很多不懂的人拍照会冒犯神灵的。

汉族丧葬仪式的功能及其变迁

——以陕西省商洛市丹凤县棣花镇水沟河村为例

巩二龙

摘　要：以汉族为主体的中华民族，自古以来就以文明之邦为世界人民所认知。礼仪文明作为中华文化的核心，在中华大地上不断演绎、发展。但是作为礼仪文明的重要组成部分——丧葬礼仪，在发展演变过程中却表现着“稳中有变”的特征。本文通过对汉族聚居地葬礼仪式的实地调查，来分析汉族丧葬礼仪的功能，进一步从文化变迁的角度思考丧葬仪式的变迁及其缘由。

关键词：汉族；丧葬礼仪；仪式过程

一　绪论

（一）问题的提出

汉族，作为世界上人口最多的民族。在历史的前进过程中不断发展，逐渐形成以汉族为凝聚核心的“中华民族多元一体格局”。自周朝开始，一直承载着中华文明的礼仪，不断为广大民众所实践，并逐渐在人们的社会生活中发挥着不可替代的作用。但随着时代的发展和社会的进步，烦琐的丧葬制度也日趋简化，部分礼节甚至有逐渐消失的倾向。

笔者注意到此种现象，并开始思考：作为人生历程中重要的“过渡礼仪”之一的丧葬礼仪，为什么会出现从简的现象？汉族的丧葬仪式有哪些具体的过程？它在人们的社会生活中到底发挥什么样的作用？为具体了解汉族丧葬礼仪的价值与功能，笔者以汉族聚居的陕西省丹凤县棣花镇水沟河村为调查地点，利用有利时机对丧葬仪式进行了细致的观察，并对当地的“知情人”进行了访谈，从而对当地的丧礼过程得到了细致的了解，进而从文化变迁的角度思考丧葬礼仪在不同时代所发挥的功能。

（二）研究的目的与意义

（1）研究目的。本研究的目的主要有以下几点：第一，了解该村丧葬礼仪的仪式过程，认识其丧葬仪式的具体步骤；第二，通过对该村葬礼的认识，分析该地汉族丧葬礼仪的作用与功能，并在前后不同时代仪式变化的分析基础之上，思考丧葬礼仪的变迁内容及变迁的原因，从而认识丧葬仪式未来的发展方向。

（2）研究意义。我国是个多民族的国家。由于各民族所处的生存环境不同，从事的生产活动不同，以及心理素质的差异等诸因素，形成了各自不同的葬式葬法。加之由于各民族社会历史发展的不平衡和宗教信仰方面的差异，反映在丧葬的法、式方面，其样式也是多种多样的。[①]

在中国的传统文化中，丧葬礼俗在人们的社会生活中也扮演着重要的角色。对汉族丧葬礼仪的认识，也就成为认识中华文化丰富内涵的重要方式。这不仅可以加深我们对中华文化的认识，也可以了解在汉族社会中丧葬礼仪在社会生活中所发挥的功能，不仅有利于自身文化知识的积累，也有利于正确地认识礼仪文化的价值与功能，以进一步加深对传统文化的认知及对现代文化的反思。

（三）理论视角

本研究利用阿诺德·范·盖内普（Arnold Van Gennep，1873—1957）的“过渡礼仪”和特纳（Victor Turner，1920—1983）的“阈限性”理论，分析生命周期里最重要的过渡礼仪——葬礼。在阿诺德·范·盖内普的“过渡礼仪”理论中，在过渡礼仪过程中要经历三个阶段，即分离、阈限、融合三阶段。通过这三个阶段，从而实现新的社会整合，使仪式的参与者得到一种精神世界的解脱和神秘体验。而特纳的“阈限性”理论，在阿诺德·范·盖内普的“过渡礼仪”的基础上，提出了仪式的三个阶段，即阈限前、阈限、阈限后，其中阈限阶段是仪式过程的核心所在，所有的人生转折点上都要举行过渡仪式，从而完成两个不同阶段的过渡与转

① 万建中：《图文中国民俗·丧俗》，中国旅游出版社2004年版，第4页。

换，从而使社会秩序在平稳中实现过渡。

二　研究设计与方法

本次研究以陕西省丹凤县为调查地点，以当地村民、“风水先生”等为调查对象，采用参与观察、个别访谈的方式收集资料，然后对所得信息进行归纳总结，简要归纳该地的葬礼的过程，进而分析汉族丧葬礼仪的功能，并进一步思考丧葬礼仪变化的内容以及变化的原因，以加深对传统文化的认识和对现代文化的反思。

笔者本人即为丹凤县本地人，从小生活在此环境中，对于葬礼的礼仪有较多的见闻，但大都疏于整理，对其理解难成系统。在大学学习期间，笔者接受了较多的人类学学科知识，对实地调查的方法有了更多的把握。2012 年暑假，该村有老年人去世，笔者充分利用那次机会，对其丧葬礼仪进行了细致的观察与记录。之后又对该村比较懂得此文化的年长者进行了访谈，在此基础上对所获得的资料进行完善与整理，在深入思考的基础上完成此文本。

本研究旨在了解汉族的丧葬仪式的过程和其发挥的功能，从研究性质角度为定性研究，具体方法为实地调查的方法。主要采用的研究方法为参与观察法、个案分析法、访谈法。

三　丧葬仪式过程

葬礼，作为人生“过渡礼仪”的重要组成部分，它的仪式不仅仅是为了避免死者尸体腐烂而加以掩埋的活动，也不只是活着的人对死者表示哀痛悼念的礼节习俗。儒家通过丧葬仪式宣扬并实行“慎终追远”的孝道，统治者通过丧葬制度强调并维系社会等级，达到调控社会的目的，而发展到现代，葬礼却有不同于古代的文化意义。因此，中国的丧葬制度一直以来都有着极为丰富的内涵。

汉族自古盛行棺木土葬，葬礼颇受重视，因此仪式过程也就表现得较为隆重。由于笔者调查的该村历史悠久，传统文化保留得较为完善，因此礼仪内容也较为丰富、烦琐。鉴于礼仪内容较多，也较为复杂，笔者拟从死亡初期、安灵、守灵与打墓、送轿子与打墓、大殓、殡期、送葬与入葬、圆坟与纪念等几个方面对该村仪式过程的内容做一简要的介绍，并就简化的部分进行说明。

1. 死亡初期与小殓

当该村老人（或病人）将死时，为防止露天，一般都要将其移至室内或阴凉处。如果是意外死于户外或者各种客观原因无法完成对尸体的移动，则必须撑开雨伞进行遮挡，当地俗称遮“天”。

在亡故者停止呼吸前、后，要对其进行剃发、沐浴、修甲。此工作的完成主要由同性的近亲协助完成。为方便实施，除特殊不可预知死亡原因之外，一般都是要在老人（或病人）停止呼吸之前完成上述工作，要让亡故者干净地离开。

接下来要完成的是小殓，就是给死者穿寿衣。目前市面上的寿衣多以蓝、灰、黑三种颜色为主色调，所穿寿衣数量3—9件不等。下身一般情况下只有三件，即长裤、棉裤、单裤；而上衣一般为7件，衬衣、棉衣、单衣、秋衣、马褂等随意搭配，但不论如何搭配，衣服件数必须是单数。在古代，普通人家根据家庭条件的不同，寿衣数目、质地都各有不同，而富庶人家可能会使用丝绸；而现代，寿衣多从市面购买，价位不同，质地各异。

在小殓的同时（也可能在下一步的停灵之后），要完成在亡故者口中放置口钱的工作。将一枚中间打有圆孔的硬币（现在多使用市面上可以买到的一个小元宝）用红线相系置于死者口中，而红线的另一头则与衣服的纽扣相连，在入殓时从口中取出，放于旁侧。

2. 安灵、守灵与打墓

在完成洗浴、穿衣后，接下来进行停灵，即完成小殓后，要将尸体放于灵堂中。

灵堂的布置是十分重要的。该村亡灵灵堂一般布置于主孝子或者老人自己的正屋（堂屋）中。在正屋的中央悬挂起蚊帐，蚊帐前摆放案台，以供放置祭品、香纸、蜡烛、死者照片等；在悬挂的蚊帐的中央，悬挂圆镜。按照当地的观点，认为那是因为在前三天，已故者还不知道自己已经亡故，三天以后通过镜子看自己子孙的表情、神态才知道自己已经亡故。至于使用蚊帐的原因，笔者调查得知是因为蚊帐比被单、床罩等面积要大，可以很容易将尸床遮挡。而蚊帐的后面就是停尸床。停尸床一般情况下有两种：一种直接放于地上，即先将地上铺有茅草，在茅草上铺有席子

（一般的竹制品），尸体放于席子之上；另一种是用木板和凳子搭起停尸床，依旧将尸体置于竹席上面。停尸床附近也会铺有稻草。

完成灵堂的布置后，家中的主孝子或者在其他亲属的共同协助下，将死者搬运至布置好的停尸床上。头外、脚里、面朝天。此时要在死者脸上盖张黄纸——蒙脸纸。在笔者的追问下得知，蒙脸纸主要为了防止苍蝇等蚊虫对尸体的破坏，以保证入殓前尸体的完整。

此时开始要给亡灵“献饭”，类似于古代的祭品。献饭主要为面条，不放任何调味品。每次献饭前，要将前一次的献饭倒进专用的饭罐中，在入葬前将饭罐装满。在入葬时则由大儿媳（如没有，则依次考虑儿子、老伴、父母，一般情况下是由低死者一辈的人携带）带至墓地，放于墓穴。

安灵之后，死者亲属穿孝服，在灵堂守灵。究其原因，当地的观点认为，主要是防止猫、狗、老鼠、苍蝇等对尸体完整性的破坏。而笔者认为还有两个最重要的原因：第一是健在的子女对已故亲人的最后感恩与细心照顾；第二是方便对前来吊唁的亲朋好友进行回应，以尽宾主之谊。

此时死者女儿也要前来奔丧，女儿奔丧要带倒头纸——“火纸”（不同地方称谓不同。有些地方称为锡箔寿纸，均认为是“引路钱”）。当地的观点认为，女儿为亡故父母烧引路钱可以保证死者下辈子生活富裕、不缺金钱。至于火纸的重量为何只能是9斤14两，笔者没有能够得到印证。

而在守灵与吊唁同时，墓穴也开始开启。一般由风水先生根据凶吉决定合适的开启时间。在开启当天的早晨要去附近的寺庙烧香、“敬爷”；开启前，也要烧香、响鞭炮以示动工（该地其他活动也有类似的习俗，如破土动工等）。而如果没有已经修筑好的墓穴，则在“风水先生”的方位测量与指导下动用劳力，马上动工开始施工修建。

3. 送轿子

在停灵之后至大殓之前的这段时间里，要完成送轿子仪式。

送纸轿一般在傍晚时间完成，所有的近亲全部参与。拿着烧纸、祭品、纸轿以及粘有姓名标签的5个泥人（泥人为市面购买），走出灵堂，在距离灵堂不远的路中央完成此仪式。

仪式开始，所有送轿的近亲在路中央跪下，将纸质的轿子和带来的祭品（包括5碗“献饭”和提前备好的饼子）置于前方，将烧纸塞满纸轿。4个泥人分别置于轿子的抬杠上，另一泥人放于纸轿最前面。这象征着4

个在抬着轿子、一个拿着纸钱，送亡故者上天。

5个泥人均有姓名标签，而姓名的选择极为讲究。一般为比死者低一辈或者同辈的已故近亲（当地称为“一家子”，即近亲）；如果不能满足5个，则随意取名，所以完全可能看到标有“张三”、“李四”、“王麻”等标签的泥人。抬轿泥人无先后之分，放置最前面拿着纸钱的必须是本家族里面最有威望、最能干、最有本事的。

在一切准备就绪后，开始烧纸。烧纸的同时，纸轿也跟随一起烧掉。此期间必然伴随着亲属的痛哭与号啕。在烧完纸后，将祭品扔于烧纸灰之上。笔者察觉，在以前会将献饭的饭碗收回，现在的人们不再去计较，饭碗直接扔于纸灰之上，不再收回。

4. 大殓

接下来是大殓，即将尸体装进棺材。

棺材称为“寿材”。材质以柏木最佳，亦可以是楸木、松木、桐木、红椿木等。笔者调查了解，该村寿木以使用红椿木居多，长度均为7尺标准，外围为黑漆漆染，内侧使用土灰色漆染。而棺材前后宽窄不一，但“大头”处（即前方）均刻有“福”、“寿”等象征吉祥的字样。至于棺材标准制定的缘由，未能得到当地人的解释与证实。

在大殓时，棺材的底部先撒上草木灰，其上用松柏的枝叶铺底，再用草木灰包（即用烧纸将草木灰包裹而成）平铺于松柏之上，上面则会在被褥的包裹下将尸体平放于棺木中。之后为固定尸体，会在尸体的左右两侧将整卷的卫生纸、棉花或者草木灰包（随着现代生活水平的提高，草木灰包的使用不再普遍，而是以大量卷纸的使用代替）放置，亦会随殓一些物品，一般包括死者生前常穿的衣服、常用的日常用品及儿女新缝制或新购买的被褥等物品。

在放置好尸体后，会停留数十分钟，让自己的近亲再看最后一眼。由于是最后一次，难免伴随着亲人的流泪与痛哭。在停留之后，会在风水先生的指示下，将在棺材附近的孝子们拉开，由壮年劳动力盖上棺盖，完成盖棺和棺材的固定和裹实。

5. 殡期

殡，就是入殓后停柩于灵堂。殡期长短不一，少则3日，多则半月，主要由奔丧者而定。风水先生也会在实际的考虑下寻找最适合的下葬时期。汉族传统习俗，父母死亡，儿女必须奔丧，否则为不孝。而亲朋好友将要来哀悼祭奠死者，称之为“吊丧”或“吊唁”。

奔丧者均要丧服。古代汉族丧服分斩衰、齐衰、大功、小功、缌麻五种，称为“五服”；在现代城市一般兴胸佩白花，臂戴黑纱。而在笔者调查的该村，多见为白布做成的丧服。按与死者血缘关系的亲疏，发放不同的孝服：近亲的亲属需要穿孝服，戴孝帽；而相对较近的则只发放孝帽。其中孝帽的叠法男女不同，未婚也有标志。最为明显就是未婚男孩的孝帽要在帽子的一个角上系上一个红色的线，未婚女孩则是用红线将孝帽固定。

6. 送葬和入葬

殡期之后，就要完成对死者遗体的掩埋，即棺木入土。入葬前往往要看风水、选时机，即所谓“选吉日”。

送葬的前一天晚上要在墓穴内点亮灯，以示告诉附近亡灵这儿即将“安家”。主孝子也要在前一天的傍晚给逝去的低一辈或者同辈近亲去烧纸，寓意告诉他们有新成员到来，请各位近亲多多照应。

送葬又叫出殡。出殡前，灵堂的所有祭品收拾完毕。预先选定的出殡时刻一到，一声炮仗，顿时鼓乐齐鸣。哀乐声中，灵柩起动送殡队伍前进。在送葬队伍的最前面由风水先生在前面撒纸钱，当地称作“放买路钱”，其手中拿有领魂幡，上面多用白纸画着奇怪的咒符。风水先生之后抬着的是铭旌（主要记载死者一生的功过，多用黄色的银粉写在红色的绸子上），紧跟其后是逝者的牌位及其照片，再后面则是花圈、金银山等纸扎的村民，响器班（乐队）紧跟其后，子女手执“哭丧棒”（尺许长的柳树棍，多为新生的柳枝做成，将剪成条状的烧纸粘贴在上面，当地称为“哭棒子”）在后缓慢行走，当然也要在前执绋。孝子之后才是灵柩，此时的灵柩上必须放置棺罩。亲友子女随棺送葬。

起灵时，所有的人在前先走，棺材最后。其中孝子要端着孝盆出门。在走出家门不远的地方停下，此时灵柩也要停下绑龙杠，所有穿戴孝服的孝子转向面对灵柩。在灵柩前跪下，进行烧纸，待龙杠绑好，烧纸结束。在即将起身时，由孝子将大盆（即孝盆，即将每次烧纸灰收集放入盆中）向路中央摔碎。

与此同时，守灵中的茅草也全部收拾装起，由村中的劳动力用背篓背向河边进行点燃。笔者询问缘由得知，主要是想看烟飘的方向。这和藏传佛教中认定转世灵童的做法惊人的相似。

灵柩行至巷头路口，多次中途落灵，进行路祭，乐队陪祭。据了解，在行进途中，孝子应该多次跪灵拦路，以示不舍其亲。但现在为了在规定时间尽早完成入葬，此环节现在已不复存在。孝子多有人搀扶，更多为安全因素考虑。

灵柩运达墓地，主祭孝子（多为长子）首先跳入墓穴用松柏在墓穴的四周的底部轻扫，将其扫起的墓土放置胸前撩起的孝服中，以示为老人“安家”。在众多劳力的协助下，完成下葬。下葬之后，根据阴阳测定方位，调整灵柩位置，然后铺铭旌于棺盖，放饭罐于头位，再填土将封墓，然后焚纸致哀。

在烧纸的同时，死者的子女跪在最前面，接由风水先生撒的五谷斗（由小麦、玉米、稻、高粱、豌豆、小豆等随意五样搭配）。在撒五谷斗的同时，风水先生念有口诀，鉴于笔者没有能够及时录音，错失良机。但从口诀中能够感受到是在使用较好的言辞，无非是让后辈发财、做官、平安此类言辞。

而子女手中的“哭丧棒”会放置于墓口，在封口时将其半掩。当然在仪式其中，要在墓穴封口之前将人像伴葬放于墓穴的左右两侧。这完全可以视作古代殉葬习俗的遗留。在笔者印象中，该村的人像伴葬由最初的陶俑发展到现代则更多成为纸扎人像或塑料的制品。

在完成葬礼后，孝子要将坟头的土抓一把，放于撩起的孝服中。由坟地回村路上，遇见邻舍长辈，就地跪拜，行谢孝礼，以期对失亲之人多加照顾。但笔者发现现在的人们为方便仪式的完成，已不再去认真执行此种仪式。当孝子回到家中进入灵堂后，要向亡者遗像焚香烧纸，以示安祭，然后脱去孝服，将孝布盘于头上。当然孝子会将孝服中的土和提前准备好的柴火用烧纸包好，放置于正屋的大柜之下，等到三年期满，将其取出。

7. 圆坟与纪念

在葬后傍晚时分，一连三夜，孝子要在坟墓周围架柴烧火，当地俗称煨火，为亡人驱邪“打怕怕”，使其在新的地方不致感到“孤单”。

葬后第三日，孝子与主要亲族到坟上烧纸祭奠，并带铣整修墓冢，叫“圆坟”。其中午的午饭多数要在坟头进行。在笔者印象中，所有的“圆坟”都以饺子为主要饭食。当然也会在坟墓的四周和中央各埋一个饺子，以示界限。笔者了解，吃饺子的缘由和春节吃饺子的缘由是一致的，即象征着团圆。在坟前吃饺子，也可能是期望让亡故者看到子孙团圆、和睦相处的盛况，以让死者可以安心、能够瞑目。

按当地的习俗，注重前“七期”，即死者死亡后的前7周，49天。每期时，亲属都要给死者烧纸，“三七”或“五七”由主家定下大祭之日，亲族都来祭奠，其他七数烧纸，女婿外甥可以随意参加。当然在每个期斋中，如果遇到逢7、逢8（如7、8、17、18、27、28），则要用芦苇糜子和烧纸糊伞和旗子（逢7则要糊7个旗子，逢8同理）。由死者女儿沿路插放旗子。而纸伞最后要放于坟头，如若沿途插放旗子有剩余则插于纸伞的周围。

逝世百日要在家里烧“百日纸”，以示纪念。百日之内，主祭孝子不剃头（现在已很少人能够遵守），以志“身体发肤受之父母，不敢毁伤”之孝意。当然在百日那天，要由主人牵头进行“洗孝”。

亲人死后，孝子须守孝三年，以报养育之恩。每逢亡人生日、周年，都要进行祭奠。春节不能贴红色对联，要用紫色、绿色或者白色的对联。第一年春节不走亲串友，不对外拜年，以示“守孝”。三年过后，脱去孝服即为服制已尽。

三年期满则要举行仪式，按当地的称呼，又叫“过三年”。守孝三年期满，在死亡日期那天，一般是在亡者忌日当天完成脱服。主人请所有的有孝服的亲戚前来，完成脱服仪式。主要是去坟头烧纸祭奠，此时死者的牌位亦被烧毁，之后将孝帽从坟前扔到坟后即完成脱服的仪式。而家中的对联，也从白色改换成了红色。

四　仪式的变迁与原因思考

从上述仪式过程的描写与说明中，我们看到该地对葬礼有较为严格的程序和规定。

在死亡前后要进行剃发、沐浴、修甲。在死亡初期，要完成给死者穿寿衣和放置口钱，之后要进行灵堂的布置、安灵、儿女的守灵。之后是重要的送纸子和大殓。接下来要进行的是仪式中最为隆重的——入葬仪式，从起灵、到行进到入葬过程都有较为严格的要求。而随后的圆坟和周年纪念却更多包含是强烈的祈福和纪念的意义。

从笔者的印象中，该地丧葬仪式有着较大的变化。

在以前，仪式的过程比现在隆重，比现在烦琐。而现在仪式过程中很多的成分已经被取缔。最为明显的是，在以前孝子要穿草鞋、戴草帽、腰间要系上草绳，甚至头上还要戴上麻冠（由二条芦苇篾子交叉弯成帽子形状，在两边用绳子将一小团棉花系着挂于两侧，即悬于耳边）。这些穿戴在当地认为主要是让孝子不见天，可以有效地防止死者看到儿子的不舍，不愿离去。以前甚至有明确的规定：在死者初死时，不可以哭，在门上要贴上黄纸（黄纸在送葬时，则和纸扎一起拿走）。至于缘由，主要还是让死者可以顺利地离去，不至于有门神的阻挡和有儿女的牵绊。甚至于有规定，在死者死亡百日内，不可以上楼、不可以坐凳子，认为这样亡灵就会在凳子下面钻串，上楼时会跟着，这种多少有着封建色彩阴影的说法，现在已经完全不复存在。甚至于以前存在的，侄女前来奔丧时要把孝服先穿上和纪念的期斋时女儿先哭，多少有着强迫的意味。虽然被认为有一定的道理，但都不被实施，已经出现完全不被大家所遵从。以上这些消失的部分很大程度上是由于其仪式过程与现代社会生活相悖，不能很方便地满足现代人们的生活。带有很明显的封建残余成分，很难被现代的人们接受，只能面临逐渐消失的境地。这也许是时代发展的必然。

当然在现在该村举行的仪式过程中也加入了很多新鲜的成分。譬如，纸扎类型多样化，小至手机、冰箱、电视、电脑，大至洋楼别墅，甚至于也有了美女的纸制品等。纪念形式也逐步多样化，开追悼会、请乐队唱戏曲也为部分人群所接受并采用。而墓穴的修建也越来越高档：地面铺上了地砖，四周绘上了彩绘，甚至上面也使用了琉璃瓦和精美的图案，有些甚至修建了围墙，俨然一个庭院的布局。这些新加入的成分中可以很明显地看到，现代人们对物质生活的追求与享受。从这些仪式过程的准备中，也能够窥一管而见全豹，在很大程度上看出现代社会中人们生活的心态。

总结这些变迁的内容，既有简化甚至取缔的部分，也有了新加入的成分。透过这些变化的文化事项，既能看到浓厚的传统文化色彩，又有极强的现代文化特质渗透其中。简言之，现代社会的文化现象，是现代物质文化与传统文化相互交融的产物。

思考其变迁的原因，笔者认为主要原因有以下几点：

第一，传统的丧葬仪式，是以鬼魂崇拜为思想基础的，相信人去世后有来世，能够进入阴间。因此仪式过程也就弥漫有较多的迷信成分，而现代随着人们认识水平的提高，对鬼魂的崇拜心理逐渐减弱，对死者的安葬仅为完成社会赋予的责任。

第二，受中国传统儒学的影响，葬礼仪式成为人们对死者进行终生定位和对来生祝福的重要形式，因此需要隆重的过程，而现代人们对死亡的恐惧心理的不断减弱，不再对来世报以幻想，表现在仪式上即不再那么的看重，部分内容开始被取缔。

第三，传统的丧葬礼仪是在封建宗法制度下发展下来的，因此葬礼中充斥着浓厚的家族观念和家族意识。

第四，在快节奏的现代生活中，人们不再喜欢烦琐的仪式行动，开始追求简单、方便、容易完成的仪式过程，也就表现为仪式的不断简化与“缩水”。同时，开始追求高质量的物质生活，在仪式中也就想加入更多享受的成分。

第五，随着老年人的不断减少，年青一代由于兴趣所碍，对烦琐的葬礼仪式没有很好的认知与熟悉，因此熟知的人较少，也就不能完成对烦琐仪式的完全执行，具体的就表现为仪式过程的简化。

五 归纳与展望

在葬礼的仪式过程和分析中，我们能够了解到汉族的丧葬礼仪式是隆重而烦琐的。究其原因，影响并支配民间丧葬习俗的观念主要有两个方面：一是灵魂不灭和祖先崇拜的观念，而其中佛教中的阴间和道教来世想象对丧葬中的许多习俗有着深刻的影响，特别是佛教中因果报应论，使人们很重视丧葬礼俗的认真执行；二是儒家所提倡的孝道观念，这种中国特有的儒家伦理思想在丧葬上的反映就是上述繁缛的丧葬礼俗，其中也有不少封建迷信的色彩。

葬礼是在一定的社会历史条件下形成的生者与死者告别的仪式。许烺光（Francis L. K. Hus）在《祖荫下：中国乡村的亲属、人格和社会流动》一书中认为，举行葬礼是为了达到以下几个目的：①送灵魂早日平安地到达灵魂世界；②为了灵魂在灵魂世界能够平安舒适；③表达亲属悲痛的情感和对死者的依恋之情；④保证这次死亡不致引起任何灾难。该地的葬礼功能也具有类似的作用，心理上起到安慰生者的作用，通过仪式使生者看到希望，学会珍惜。并且在寄托哀思的同时，通过一次次的仪式传承着中华的孝道文明、发挥着其延续习俗的便利。此外，通过葬礼的举行，可以加强村民之间彼此的团结与沟通，在一定程度上起到社会整合的作用。因为该地的葬礼不仅是一个家庭的事情，也是整个村子互帮互助、增加感情的重要过程。

但随着我国经济、社会、科技和文化的持续发展，传统的仪式过程正不断受着现代社会信息、经济发展的影响。传统文化不断受着现代社会文化的冲击。因此也就表现在自古以来重殓厚葬的内容，在演变过程中不断简化。

但这种丧葬仪式的简化，是一种历史发展的趋势。

在现代社会，随着人类文明程度的进一步提高，人们对丧葬礼仪的重视程度不断降低，一些传统的封建习俗正在不断遭到取缔，开始向厚养薄葬的趋势发展。并且随着城市“火葬”的发展，将会不断向着农村地区渗透，也将不断改变着农村地区传统葬礼习俗的进行，开追悼会、献花圈、戴小白花等终将成为农村地区流行的丧葬形式。

参考文献

[1] 万建中:《图文中国民俗·丧俗》，中国旅游出版社 2004 年版。
[2] 顾希佳:《礼仪与中国文化》，人民出版社 2001 年版。
[3] 佟莜梦:《婚丧喜庆》，朝华出版社 2005 年版。
[4] 周平苏:《中国风俗丛书——中国古代丧葬习俗》，陕西人民出版社 1994 年版。
[5] 杨圣敏:《中国民族志（修订版)》，中国人民大学出版社 2003 年版。

招财猫的民间信仰初探

王婷婷

摘　要：招财猫在日语中的意思是“召唤猫”，它起源于日本，是日本文化的重要组成部分。招财猫在日本有着悠久的历史，其传说可以追溯至四百多年前的江户时代。如今招财猫进入中国，在大街小巷都可以看到琳琅满目的与招财猫相关的产品。本文以日本的招财猫这一民间信仰为研究对象，从民族学的视角，通过文献收集的研究方法，力图为招财猫这一外来的民间信仰及日本文化在中国的传播和发展的相关研究提供参考。本文认为招财猫作为日本民间信仰和文化的重要组成部分，其在中国的迅速传播是基于日本和中国的文化有着相似的部分，属于中国对于日本文化的接受过程。

关键词：招财猫；民间信仰；文化

市场上关于招财猫的商品琳琅满目，有摆设、挂件、手链等，它们都有着鲜艳的色彩和可爱的形象。如今在中国招财猫逐渐被人们所信奉，成为民间信仰的一部分。我们可以看到它们被摆设在商铺和家中，预示着财运滚滚、吉祥如意等。

一　招财猫的起源

招财猫源于日本，自古以来被日本人视为招财招福的吉祥物。有关于招财猫的传说可以追溯至四百年前的江户时代，可是真正出现陶器招财猫是在一百五十多年前。

招财猫最初是作为养蚕人家摆放的物件，后来随着养蚕业的衰退逐渐成为商人用来招揽客人的吉祥物。关于招财猫的起源有着很多版本，众说纷纭。从江户末期到明治、大正时期，招财猫经历了兴衰的过程：天宝至安政年间（1830—1859 年），这一时期是招财猫的全盛时期；明治初年（1868—1875 年）、明治八年（1875—1876 年）这一时期是招财猫的渐次衰退时期；明治十三年（1880 年）这一时期招财猫趋向于渐渐衰落时期；大正十二年（1923 年）以后为尾张屋春吉复兴。

有关招财猫的众多起源中较为流传的是豪德寺招财猫、花魁薄云的三色猫、小判猫、七福帅、金银漆猫等。其中最著名的是豪德寺招财猫的起源，这一起源是来自舍命救主的小玉的传说。

> 话说四百多年前，日本的江户时代有一户名门望族“越后屋”，世代以染布为业，原本兴旺的家业传到少主人越后屋之时便日渐衰退。不思进取的越后屋整日沉溺于赌博和玩猫之中，对于家族事业不闻不问。有一只叫“小玉”的猫整日陪伴越后屋左右，深得他的宠爱。
>
> 管家看不下去沉湎于玩乐的越后屋，经常劝他，但是越后屋总是满不在乎，甚至会抱起小玉开玩笑说：“哎呀，你不要啰唆了，以前不是有仙鹤报恩的故事吗？真没有钱，叫小玉去找来一些就是了！对不对呀，小玉?”小玉在越后屋的怀里“喵喵”叫着，逗得越后屋哈哈大笑。
>
> 不到两年时间，越后屋彻底衰败了，管家劝说道：“少主人啊，你要振作，我们还可以从头开始的。”但是越后屋却抱起小玉笑着说：“小玉啊，你没有忘记我们的约定吧，去拿些金币来吧。”奇怪的事情发生了，第二天小玉果真拿回来一枚金币，让管家和越后屋又惊又喜。拿到金币，管家对越后屋说：“少主人啊，你就拿这枚金币好好干一番事业吧。”越后屋斩钉截铁地回答：“没问题，这次，我一定翻本!”说完，拿着金币直奔赌场。可是，这枚金币没能给他带来预期的好运，越后屋输了个精光回来了。这时，他又抱起小玉说：“小玉啊，再拿一枚金币回来吧，这次，我一定好好利用，不赌了。”小玉听了，犹豫了一下，慢慢走出门去。

第二天一早，小玉又拿回来一枚金币。拿到金币的越后屋头也不回地又直奔赌场。这一次，又是以输光告终。从赌场回来的越后屋一进门，就看到管家慌张地说："小玉不知道怎么了，整天都没精神。"越后屋急忙冲进屋里抱起小玉。这时，小玉缓缓睁开眼睛，伸出粉红的舌头舔了一下越后屋。管家在一旁皱着眉头说："少主人，你不觉得小玉这两天越来越瘦了吗?"越后屋并不理会管家说的话，只顾高高抱起小玉说："再一枚，再一枚就好了，这次我一定好好干一番事业!"小玉看了越后屋一眼，跳到地上，慢慢地走了出去。看着小玉的背影，越后屋突然眼前一亮：如果跟着小玉一起去，知道金币的来源，以后不就有用不完的金币了吗。想到这里，越后屋一路尾随小玉出去了。只见小玉绕着城边走了好久，越过几条河，最后走进树林里的一座庙门前，举起两只前爪，合十祈祷，嘴里还念念有词："拿走一些手，拿走一些脚，给我一些金币；拿走一些毛发，给我一些金币……"随着小玉这样念，它的身体越来越瘦，越来越小。这时的越后屋猛然惊醒，原来，这些金币是小玉用自己的身体换来的。他大声叫着从树林中冲出来："小玉，不要念了！我不要那些钱币了!"小玉回头看了主人一眼，继续念着，就这样念着念着，小玉消失了。地上留下了三枚金币。

越后屋拿起地上的金币，失声痛哭。从此以后，越后屋像变了个人，整天拼命工作，赚到钱也从不乱花。经过他的努力，家族的事业又重新兴盛起来。之后，越后屋总是在门前放一尊猫拿着金币的雕像，附近的人们也跟随越后屋这么做。①

关于招财猫的传说还有很多，这是关于招财猫最为感人也最为人知的一种说法。日本在各地建立猫寺，并且每年都举行猫祭，较为著名的猫的寺庙有东京的自性寺、西方寺等。每座猫的寺庙都会有这绘声绘色地传颂那个灵猫救主的故事。

---

① 莹莹：《招财猫的来历》。

二 招财猫的形象和种类

招财猫在其创作的过程中一直都被赋予一个友好可爱的形象。它通常在主通道附近的门边面门而立，它有两种手势，即举左手和举右手这两种形式，通常左手和右手有着不同的意义。举左手一般表示迎宾和福至，右手则表示财运的到来。在《招财猫文化志》中有如下记载：“在佛教中，认为左手是不纯净的，所以招福猫举右手招福及财运是正常的。通常的说法，右手招财，左手招人。”同时也有举右手是雄猫，左手是雌猫的说法。

招财猫举手的高度也是有意义的，观察这些招财猫可以发现它们所举的手的高度，有的举过耳朵，有的举至耳边。人们认为招财猫的手举得越高，越能招到远方的福气。关于这一点，所有文献的解释都是一样的，但是没有具体的根据。笔者认为，这和人们在生活中的某些行为习惯有关。人们在日常生活中打招呼时，手举得越高越热情，远方的人也就很容易看到。

招财猫的种类也是多种多样的，白底彩绘的土偶最多见，其次是瓷器。招财猫的颜色也是有讲究的。白色代表幸运祥和，金色代表财运亨通，蓝色代表事业兴旺，黄色代表缔结良缘，绿色代表幸福安定，黑色代表辟邪消灾和保佑平安，红色代表驱病除魔和身体健康，紫色代表健康和美丽。不同颜色的招财猫代表不同的含义，给人们带来不同的好运。招财猫身上的图案也有着不同的寓意，如铃铛象征着开运和缘起，樱花象征着爱情和事业、好运，四季花卉则象征了富贵吉祥、鱼是年年有余的象征、富士山是象征了富贵和财运兼得、宝船象征着财富、茄子象征着愿望和理想的实现、龟鹤是长寿的象征、鹰则是象征着理想和梦想。

仔细观察招财猫的胸前是挂着金铃的，金铃也有着深刻的寓意，它象征着招财、福气、缘起和开运。有的招财猫手里还拿着不同的配饰，这些配饰有金币、葫芦、金鱼、百宝袋、达摩祖师等，这些配饰的加入为招财猫的招财纳福添加了更多的可能性。

招财猫的种类繁多并且不同的颜色和配饰都象征着不同寓意，这些为招财猫被人们所信奉提供了更多的可能性。

三　日本人的猫文化

日本人对招财猫赋予很多意义，小小的招财猫包含很多的寓意。可以看出猫在日本人的生活中扮演了很重要的角色，在日本人的文化中也同样占据着举足轻重的地位。

据史料记载，猫最早进入日本是在日本的奈良时期。佛教自西向东传播时，为了防止佛教的经书被老鼠啃咬坏，猫和经书就一起经由中国传入日本。日本还在镰仓时代就引进猫来防止金泽文库的文献被老鼠破坏。随着猫的引进，猫的形象在日本人的观念中逐渐改变。室町时期，猫变成了高级的宠物，刚刚开始时只有皇室的人才可以养猫，这样猫就成了权力的象征。因为猫被视为高级的宠物，其本身的价值相对而言就很高，为了防止猫丢失，人们在猫脖子上系上项圈。江户末期到明治时期，对猫的饲养达到了鼎盛时期。

日本人喜爱猫还有一个重要的原因就是猫的性格。猫喜欢独自在安静的地方待着，这一点和日本人的性格有着相似性。日本人不喜欢喧闹，他们更喜欢自己独自待着。他们喜欢猫有很大一部分是因为猫成了日本人的表征对象。他们希望在别人眼中的自己能够像猫的形象一样优雅、喜静，内心世界能够不轻易被人们所察觉。日本人有着很强的孤独感，他们借助猫来表达自己对于未来的憧憬，从中获得安慰，宣泄其不满的失落。猫的性格与日本人的性格有着很强的相似性，从而使得日本人在生活中的一些情绪可以通过猫来表达，这也是日本人爱猫的一个很重要的文化背景。

日本人对于猫的认同和信奉有着深厚的文化背景，对于猫的喜爱也表现在他们的文学作品和日常生活中等地方。

平安初期编写的《日本灵异记》是最早关于猫的文献记载。该文献记述了福冈县东部的膳臣广国咯在死去之后转生为猫被其子喂养的故事。平安中期的女作家清少纳言做写的《枕草子》中也有对猫的记载。长篇小说《源氏物语》中也有对猫的记载。文学作品中描写猫最为著名的是夏目漱石的《我是猫》，此书作者将猫拟人化，从猫的角度，以辛辣的写法对知识分子精神生活进行了细腻的描写；用猫的思维，分析它所处的环境和地域背景下的人和物。这部作品因为视角的独特性、充满幽默滑稽的文字色彩，深受日本人的喜爱。书中那只出生于微黑湿濡之处、没有名字、善于思索、有见识、富有正义感又具有很强的文人气质，但是到最后也没有学会捕捉老鼠的猫，后来成了全日本乃至世界有名的猫。①

语言是一个民族文化的重要组成部分，语言符号象征了一个民族文化的一些特征。在日语中，有着许多生动和形象的表达都来自猫文化，其中以词组和惯用语的形式出现的较多。这些词语的表现形式都采用了猫的本质特征，是日本人猫文化的一种表现方式。

日本人对于猫的喜爱已经延伸到生活的各个角落，猫文化的传承逐渐在各个产业中渗透。如现在在日本很流行的猫咖啡馆，喝一杯咖啡，与猫同乐。对日本人来说，猫能够帮助人们缓解紧张的情绪，使人们能够放松心情。这是现在在紧张工作之余日本人的一种休闲方式。

日本人对于猫的喜爱逐渐发展成一种属于日本的独特的猫文化，随着社会的发展，猫文化也在逐渐地发展，在很多商场上都可以看到与猫相关的产品。猫不但在日本受到爱戴，现在在海外也有了自己的一片天空。

四　日本招财猫得以传播的原因

猫在日本人的心目中有着举足轻重的地位，也是日本文化中的重要元素。日本的招财猫风靡全球，主要还是由以下途径实现的：

文化的全球化是招财猫得以传播的一大背景。随着全球化进程的加快，世界变成了一个有机的整体，全球范围内的人类社会不再是被割裂开来的，而是成为一个有共识的整体。每一种文化都是构成文化全球化的重要的组成部分。文化的全球化使得各个文化要素之间相互包容和传播。日本招财猫作为世界文化中的一部分，它进军到世界各地完全是因为有了文化全球化这样的大背景才能够得以实现。

日本政府大力推动日本动漫产业的发展是招财猫得以风靡的另一个重要的因素。日本政府把动漫制作作为文化振兴的手段之一。日本有着“动漫王国”之称，其动漫制作风格独具特色、题材新颖。日本动漫有着不同年龄层的观众，这也是日本动漫经久不衰的主要原因之一。随着动漫产业的发展，与动漫相关的产业，如音像制品、食品、首饰、出版产品、

① 冯金：《关于日本猫情绪的思考》，《读与写杂志》2012年第5期。

游戏产品和玩具等都受到了消费者的宠爱。

招财猫受到热捧很大程度要归功于日本动漫。作为日本文化的重要组成部分，在日本动漫中很多经典的动漫形象都有猫的身影，如宫崎骏的《龙猫》、《多啦 A 梦》、《Hello Kitty》、《猫的报恩》、《侧耳倾听》和《美少女战士》，等等。

《龙猫》中三只憨态可爱的猫精灵，住在森林的深处，它们不与外界接触。这三只猫给人的感觉都是懒懒的，这与城市的喧嚣可以形成对比。猫的悠闲、懒惰正是日本人在精神上的一种寄托，表达出了他们对于这种生活的向往。

《多啦 A 梦》是日本经典的动漫之一，很早就在世界各地播放，广泛为人们所喜爱。机器猫多啦 A 梦是一只来自未来世界的猫型机器人，它用它神奇的百宝袋和各种神奇的道具帮助大雄解决了各种困难。多啦 A 梦的形象也成了一个长青形象，伴随着几代儿童成长。

Hello Kitty 这种乖乖的、可爱的形象在许多女生中受到了欢迎。这些猫的动画形象进入人们的视野中，逐渐改变了以前人们对于猫的固定的形象。尤其现在网络上流行的萌宠中，各种各样猫的形象让人们深爱至极。

招财猫的形象也是以可爱的形象进入人们的视野中，它的形象符合动漫中那些经典的猫的形象。正是由于日本动漫中的那些猫明星们，使人们对于猫的传统印象发生了改变，招财猫被人们所接受也是因为这些动漫所打下的铺垫。

以上两个因素是招财猫能够得以传播的主要因素，在传播的过程中人们接受了有着不同可爱形象的招财猫，并且被人们所深深地喜爱。人们希望可以通过那些可爱友好的猫来为自己带来好运。

五　招财猫在中国受到热捧的原因

如上文所述，对招财猫的信仰起源于日本，日本人认为招财猫象征着财运、健康、平安，等等。但在中国人眼中的猫却不像日本人眼中的猫那样有着可爱的形象。中国人在民间流传着一句话，“猫来穷，狗来富”，即如果有猫突然闯入家里，就会使这家人贫穷，如果是狗的话，则会为这家人带来富贵。因此，中国人往往会收留狗而不去管猫。在中国的有些地方仍然认为遇到偶数的猫是抬棺材的意思。在中国的传统文化中也很难找到猫的影子，十二生肖中也没有猫。中国的传说中，认为猫活到第九年后就会再长出一条尾巴，每九年就会长一条，一直会长九条，有了九条尾巴的猫再过几年就会化成人形，这时猫就有了九条命，叫“九命猫妖”。[①]

在很多影视作品和书中我们也可以看到，猫不是有着吉祥的象征的，民间总是流传着猫是极阴的动物，猫的出现有时就会和鬼有关系。人们认为猫是可以通灵的动物，特别是黑猫的出现会预示着不好的事情的发生。

中国民间信仰中一直认为财神、金蟾、貔貅等能够为人们带来财运，但是这几年招财猫在民间得到了人们的热捧，甚至在传统的财神爷的印刷像上都能够看到招财猫的身影，可以说招财猫在中国已经无处不在了。笔者认为招财猫在中国受到热捧，成为中国民间信仰的一部分，是由以下因素造成的：

第一，笔者认为随着全球化的加强，大量的中国人涌入日本的各个地方。中国人移民至日本很大一部分原因是因为日本经济对中国人的吸引力。在中国的中国人想要在经济上得到发展，在中国可以求财神等神灵来满足精神上的寄托，但是日本的文化中对于财神的信仰几乎没有。日本人的民间信仰则是信奉招财猫来为他们招财，在日本的中国人也就将对财神的信仰转移到对招财猫的信仰，招财猫被人们所借用，但是其背后被赋予的文化意义并没有改变。对招财猫的信仰是人们对于中国财神信仰的一种架构。

第二，招财猫在中国受到热捧很大程度上是日本动漫的功劳。在上文中笔者也提到了日本动漫为招财猫的传播提供了有利的条件。日本动漫在世界上占有举足轻重的地位，这些被塑造的猫的形象使中国人改变了对于猫的一些传统印象。

第三，中国的民间信仰有着多神性的特征，即中国民间信仰有泛神现象。原始文化在乡村变迁中历史积淀的结果，是民间历史上没有一个全民信仰的统一宗教，而是多神并存。民间信仰多神性的这种特征，也成为招财猫被中国人所信奉的原因之一。中国这种泛神性使得外国的舶来品同样可以被民间所信仰。

第四，招财猫之所以在民间这么受到推崇很大一部分原因是因为中国民间信仰的功利性，即实际功利和利益为行为准则的信仰观点，这是受中

① 冯金：《关于日本猫情绪的思考》，《读与写杂志》2012 年第 5 期。

国儒家思想中的重实用轻思辨的影响。中国民间信仰的功利性使得招财猫得到民间的热爱，而招财猫的身上被赋予了很多象征的意义，这正好满足了中国人的心理需求，即“平日不烧香，临时抱佛脚”。

第五，民间信仰具有一定的融合性。民间信仰与传统意义上的宗教不同，它具有一定的融合的特点，不具有排他性。人们认为只要灵验就可以信奉，这为招财猫进入到中国提供了一定的条件。

最后，笔者认为招财猫开始是被商人群体信奉之后才逐渐被人们信奉的。商人是经济社会中的强大力量，往往会成为某种观念的风向标。我们可以看到许多商铺柜台上摆着形态各异的招财猫，现在也成了中国商店的一种时尚。商人群体对招财猫的信奉逐渐扩展到普通家庭中，使招财猫在中国蹿红。

招财猫是日本的重要的文化组成部分，是日本的民间信仰。它在中国的热潮并不是没有原因的，它的传播和发展离不开一定的文化背景，正是因为文化的因素，招财猫在中国才会被人们所认同和接受。

文化变迁与非物质文化遗产

兰州市朱家沟村社会文化变迁研究

摆永明　于彦平　徐佰川　马　莉　田景发

内容摘要：本文以兰州市榆中县朱家沟行政村为研究个案，朱家沟、阳正庄、野鸡沟、姬陆家四个自然村为调查对象，以民族学与社会学的理论为基础，运用文献整理、实地调查、访谈等方法，进行实地走访和资料收集，探讨朱家沟在社会历史发展过程中，在与其他民族杂居共处的社会条件下，散居回族社区文化各个方面包括经济生活、婚姻家庭、风俗习惯、宗教信仰、文化教育、民族关系等发生的明显变化。处在强势汉文化包围的散居回族文化在自身破茧成蝶的文化适应状态下与周围的汉族社区文化已经基本上达到融合的阶段。

通过本文，既能认识农村发展和农民生活的个性、特殊性及其多样性，更能发现农村发展和农民生活的共性、普遍性及其一致性，为推动社会和科学的发展贡献一些知识。其中，特别是对朱家沟社区的研究，不仅能够揭示回族社区的存在、变迁状况，还能明确未来的发展方向，找出其繁荣和发展的特点和一般性规律。

关键词：回族社区；社会文化变迁；现代化

一　绪论

（一）研究背景和研究意义

1. 研究背景

2012 年 3 月 5 日第十一届全国人民代表大会第五次会议在北京人民大会堂开幕，国务院总理温家宝向大会作政府工作报告，提到促进文化大发展大繁荣时说："文化是人类的精神家园，优秀文化传承是一个民族生生不息的血脉。要提供优质丰富的文化产品，不断满足人民群众的精神文化需求。深入推进社会主义核心价值体系建设。加强社会公德、职业道德、家庭美德和个人品德教育，做好青少年思想道德教育工作，努力形成知荣辱、讲正气、守诚信、作奉献、促和谐的良好风尚。推动哲学社会科学繁荣发展，积极发展新闻出版、广播影视、文学艺术和档案事业。加强文化遗产保护，繁荣发展少数民族文化事业。深化文化体制改革，继续推动经营性文化单位转企改制。"

2011 年 7 月，甘肃省委、省政府《关于建设各民族共同团结奋斗共同繁荣发展示范县（市、区）的意见》文件下发，省内开展建设各民族共同团结奋斗共同繁荣发展示范县（市、区）的各项工作已全面铺开，在示范建设工作中，甘肃省着眼于突出特色、发挥优势，结合全省和民族地区"十二五"规划，围绕推动转型跨越、带动区域联动发展，从加强基础设施、特色产业、生态保护、文化和民族民生建设入手，研究制定了示范建设规划方案。

伴随着中国社会主义现代化的建设，民族地区经济文化的发展已经成为国家总体发展的重中之重。尤其是少数民族地区农村的发展，更是我们关注的重点。在当今社会发展过程中，我们应坚持把加快少数民族地区经济社会发展作为解决我国民族问题的根本途径。在坚持巩固和发展平等、团结、互助、和谐的社会主义民族关系的基础上，进一步推进社会主义和谐社会的建设。目前，针对回族这一族群的研究内容一般包括了人口、教育、族际关系与教派关系、城乡社区发展、回族妇女问题等方面。另外从民族学视角研究回族这一群体，主要集中在族群、文化变迁、民族关系等方面。

本课题研究调查的社区—榆中县朱家沟村，位于兰州市榆中县东北部，是兰州市最大的回民行政村之一。它由朱家沟、野鸡沟、阳屲庄、姬陆家四个自然村组成，四个自然村呈现大分散、小聚居的格局，除少数几户东乡族和撒拉族外，其余全部是回族。村民全部信仰伊斯兰教，但分属不同教派。整个村子被汉族村庄包围，回汉民族之间发生联系是必然的。其结果是回族吸收了汉族文化的某些方面为已用，促进了自身的发展。同时，也促使了社区内部的社会文化变迁。因此，本研究立足于社会文化变迁视角，着眼于榆中县朱家沟村这一特殊回族社区，旨在描述和解析当地社会文化变迁的演变过程以及文化适应和现代化过程。

本次调查按照人口比例，在四个社区抽取了一定的人数。

表 1 单位：人、%

所属单位	频次	百分比
一社	7	18.4
二社	10	26.3
三社	7	18.4
四社	14	36.8
总计	38	100.0

2. 研究意义

一是理论意义。

关于文化的演变和发展一直是学术界普遍关注的问题，长期以来学者们主要从宏观的角度和微观的角度关注特定地理区域内的少数民族社会文化变迁的模式及其发展轨迹，一般的学术论文主要针对专题研究，而对于民族文化的综合研究以及变迁过程中的文化适应及其文化认同则有所欠缺。本文以民族学、社会学等学科为出发点，综合学科理论，研究朱家沟回族在这一地区的整体文化变迁过程中的文化适应问题。无论从其社会内部的变化看，还是从其外部社会文化环境的变化看，其研究结果将发展社会文化变迁理论成果，同时为地方的民族事业发展及民族政策的制定提供理论指导。

二是现实意义。

我国是一个多民族的大家庭，由于历史、宗教、地域等因素的不同，不同的族群形成了拥有不同语言、宗教信仰、风俗禁忌等的民族共同体。随着经济交往和科技的进步，不同的族群之间的交往和联系逐渐增多，同时不同族群之间的摩擦与冲突也逐渐显现出来，其影响涉及国家甚至国际层面，如何处理好民族关系以及形成“各美其美，美人之美，美美与共，天下大同”的一体化格局是当前关注的焦点。

本研究把调查点选在朱家沟是因为其是兰州市最大的两个回族自然村之一，整个村子被汉族村庄包围，在此情况下，回族与其他民族是如何交流的？回族在现代化的浪潮中是如何与外界的社会进行联系的？其文化在社会文化大发展大繁荣的今天是如何发展变化的？本文借助民族学、文化人类学的田野调查与分析方法，试图探寻朱家沟回族聚居区的社会文化变迁过程，以及其文化适应和族群关系的调适方式，从而为地方政府及相关部门制定针对性的政策，促进农村和谐社会的构建和促进社会主义新农村的发展，提供理论参考和决策依据。

（二）文献综述

近年来国内外关于社会文化变迁的研究可谓汗牛充栋，关于回族社会文化变迁的研究相对较多，为了更好地把握研究现状，通过在查阅文献资料的基础上作出了如下的文献综述和评述，为以后的论文写作做好坚实的理论借鉴和文献指导基础。

1. 专著类

（1）21 世纪以来，在人类学、民族学学术领域出现了诸多关于少数民族地区社会文化变迁的实证研究，通过研究也从不同方面指明了理论的发展方向和现实的指导意义。

虎有泽在《张家川回族的社会变迁研究》中指出，在人类社会的演进过程中，物质文化的率先变迁会带来民族外在形式的变迁，而物质文化中最先变化的是生产力，因此，由生产力决定的生产方式会影响民族文化的变迁和适应。根旺的《民主改革与四川藏族地区社会文化变迁研究》从民主改革层面研究了四川藏族地区的社会变迁、文化变迁和宗教文化变迁，讨论了民主改革对藏传佛教寺院结构和社会功能的转变作用，得出传统文化日趋世俗化的结论。刘芳的《枧槽高山苗——川滇黔交界处民族散杂区社会文化变迁个案研究》从物质文化、精神文化、社会组织、信仰方式和教育模式来描述高山苗族的社会文化变迁，认为高山苗族的传统文化在与主流文化的互动过程中仍然保持了其自身的特点，使得自己民族的传统文化具有了相对稳定的文化适应功能。李臣玲、贾伟的《多维民族文化边界地带民族社会文化变迁研究——以丹噶尔藏人为视角》指出丹噶尔藏人由于处于多维民族文化边界地带，使得其文化具有鲜明的地域亚文化特征和强烈的民族文化融合性，既有当地藏族的文化特征，又有当地汉族的文化风貌，其文化体系中多维文化交汇的特征非常明显。彭多意和崔江红等人在《变迁中的彝族社区——以可邑村为例》一书中，以时间为研究线索，比较系统地描述了一个传统社区变化的过程。这种全面而系统的研究方法对本社区研究有重要的参考价值。阿拉腾的著作《文化是变迁——一个嘎查的故事》通过对内蒙古乌兰察市后山地区的察哈尔右翼后旗乌兰哈达苏木阿达的牧区社会文化变迁的调查，认为社会文化的变迁可以分为内因性演变和外因性演变两个方面，并认为多数传统社区的文化变迁首先来自外部的因素，是外部的因素引起内部因素的变化最终导致社会文化的变迁。这种外因主导内因的社会文化变迁观点值得进一步商榷。

（2）自文化变迁理论的提出至今，已成为学术界研究和探讨的热点。对于完善理论本身，学术界也存在着诸多的作品在理论上探讨社会文化变迁。

徐平在《文化的适应和变迁》一书中从地理环境、经济生活、社会结构、人生礼仪和精神世界五个方面描述了羌村人的生活，剖析了羌村这一特定社区的文化，最后提出文化的适应理论，即认为文化变迁的本质在于适应，是适应带来了变迁。李庆真在《变迁中的乡村知识群体与乡村社会》中应用纵向研究的方法，研究特定社区文化变迁的过程，试图找出社区社会文化变迁的基本规律。在此过程中，他主要研究了乡村精英在社会文化变迁中的重要作用。通过“宏观社会变迁——知识群体的群体特征发生变化——公共行为及其价值取向的变化——对社区的整合作用的变化”这一分析思路重点分析了乡村精英在宏观社会文化和社区社会文化变迁中的重要中介作用。他认为，在推动乡村社会文化变迁的过程中，一个非常重要的因素需要在乡村产生，那就是能够整合乡村，并可以代表广大村民利益的公共代言人及其公共行为的产生，而在目前的中国乡村，能够担当起这一角色和责任的有以下几种人：一是以宗教为载体的传统权威型精英；二是以干部为主体的体制内精英；三是在市场经济大潮中涌现出来的经济精英。这三种类型的人在乡村社会文化变迁中发挥重要的作用，也是在研究社区社会文化变迁的重要维度之一，对本研究的维度选择和鉴定起到重要的参考作用。

2. 论文类

文化变迁与族群认同一直以来都是文化人类学研究的主要课题。人类学家们认为文化的变迁是一切文化的永存现象，是人类文明的恒久因素。文化的稳定是相对的，变化发展是绝对的。另外在社会文化变迁的过程中出现的族群关系使得族群认同成为重点的关注对象。

一是学位论文。

兰国平《改革开放以来的畲族乡村社区变迁研究——以福建省福安市坂中乡为个案》的研究以少数民族乡为调查对象，在阐述其经济结构和生活习俗变化的同时，在调查中发现了农村社区中的一些实际性问题。郝文渊的《藏族牧业社区变迁研究——以甘肃肃南县芭蕉湾村为例》以国家社会视角作为理论分析框架，以国家体制、政策作为主要线索，以甘肃肃南县芭蕉湾村为研究对象，进行藏族地区的社会文化变迁研究。张晓武的《河西地区回族社区变迁研究》通过田野调查和分析发现甘肃河西地区回族社区文化各个方面都发生了明显变化，处在强势汉文化包围的散居回族文化与周围的汉族社区文化已经基本上达到了融合的阶段。饶旭鹏的《多民族杂居地区文化变迁研究》通过对甘肃省永登县柳树乡复兴村的实地调查研究，认为多民族杂居地区文化变迁的动力有两个方面，即外源动力和内源动力。多民族杂居地区文化变迁的一般模式是各民族文化由冲突到适应再到融合的基本过程，最终形成各民族文化相互吸收、相互促进、共同发展的新的文化格局。

二是期刊论文。

在学术界的期刊论文中，对于少数民族社会文化变迁的研究也屡见不鲜，从不同的视角、不同的方面探究出了不同变迁内容，丰富和完善了变迁的现实意义。

蔡红燕、赵兴国在《民族地区少数民族传统文化变迁及其地理驱动力分析——基于施甸县两个典型布朗村落的调查与思考》（2011）一文中经过对调查发现布朗族的语言使用呈现递减，对民间口传文化消失、民族传统服饰穿着比例下降，传统民族建筑消失，宗教信仰消失等进行了文化变迁的驱动力分析。明跃玲的《民族文化多样性与和谐社会构建——以瓦乡文化变迁为例》以边缘人的身份观察其和而不同的生活方式。郑威的《人类学文化变迁之文化涵化——以广西贺州客家族群的文化变迁为例》（2006）从人类学的视角对客家族群进行分析。李元元的《少数民族传统文化变迁过程分析——以甘肃省肃北蒙古自治县蒙古族牧民定点为例》（2011）站在现代化背景下考察了其传统文化变迁及其重构过程。赵建伟、康就升的《少数民族习俗文化变迁的影响因素探析——以罗定市加益镇合口民族村为例》（2011）分析了聚居、工业文化和主文化对少数民族习俗文化变迁的影响，并对少数民族习俗文化变迁过程中的问题进行了分析和总结。杨福泉的《社会与文化变迁对民族宗教文化认同的影响——纳西人对东巴教的认同及其变迁研究》（2010）以历史为主线对纳西人各个阶层对东巴教的认同意识的变迁与政治制度的变迁和主流文化的语境进行了分析研究。马龙的《试论撒拉族村落的文化变迁——以初麻村为例》以一个撒拉族村落初麻村为例，解析其在社会转型期文化的变迁。贾伟、李臣玲在《新疆撒拉族历史迁徙与文化变迁研究》（2010）中通过文献和田野资料对新疆撒拉族在迁徙的历史进程中，为适应新的环境与周边民族在社会文化方面进行了长期的互动与调适的现状以及其在社会文化变迁过程进行了比较深刻的研究。文化在《卫拉特蒙古人的迁徙其社会文化变迁》（2008）一文中主要从移民与文化认同视角，对历史上卫拉特蒙古人的迁徙与社会文化变迁进行了详细的阐释。

随着中国社会主义现代化的建设，由于回族的社会化和现代化，不同地域不同文化特征的群体都发生着变化和迁移，学术界关于回族社会文化变迁的研究也比较多。

骆桂花的《民族社会学视野下的回族生育文化变迁》从历史的角度对甘青宁回族计划生育的发展历程以及回族城乡生育观念的差异成因进行分析。王建斌的《青海地区托茂人的社会变迁研究》（2006）研究托茂人的源流与现状，经济结构的变迁、家庭结构的变迁、生活习俗的变迁、宗教生活的变迁以及其文化适应。马伟华的《青海卡里刚人族群认同及其变迁的考察——以化隆县德恒乡德一村为例》（2010）以青海德恒乡德一村为个案，探索其文化认同以及族群文化变迁。蒋贞慧的《族际交往中的陕西西口镇回族文化变迁》（2011）以陕西商洛西口回族镇为研究对象对其回汉交往情况、制度文化和精神文化进行研究。马惠兰、马瑞平的《郊区城市化进程中回族文化的变迁与适应——以宁夏银川市为例》以银川郊区为例分析了其生计方式、生活方式、人际交往等的变迁。

三是史料类。

一个地方的史料记载着这个地区的发展历史，对于朱家沟历史发展现存文献比较集中。经过对地方图书馆、文化馆等地资料的查找和学校图书馆文献的搜寻，主要历史文献资料有《甘肃榆中县第三次人口普查手工汇总资料汇编》、《兰州市榆中县2000年第五次全国人口普查资料》、《甘肃省榆中县地名资料汇编》、《榆中史话》、《榆中纪事 榆中文史资料选编

1》、《中共甘肃历史丰碑录》、《榆中纪事 榆中文史资料选编 2》、《甘肃新县志便览》、《陇史掇遗》、《榆中解放五十年》、《甘肃少数民族人口》、《历史足迹——社会主义时期榆中县党史资料选辑》、《中国共产党榆中历史简编》、《甘肃文史资料选辑 第十八辑》、《甘肃文史资料选辑 第七辑》、《甘肃文史资料选辑 第一辑》、《甘肃文史资料选辑 第二十辑》、《榆中县志》等。

四是文献评述。

文化本身的复杂性和多元性决定了对文化的研究视角存在多向性和研究方法的多样化。关于文化变迁的研究颇多，回族社会文化变迁的研究也相对较多，而且其大多都是宏观的研究或者微观的研究。但不同的研究地点针对着不同的研究对象，其研究结果和内容也各有千秋。而在本研究中，关于朱家沟的新闻报道屡见不鲜，而相关的人文科学研究比较少，从所查找的史料中几乎很少能查到关于朱家沟的文字记载，这就决定了本次研究的艰巨性和研究的价值所在。本次研究以宏观与微观相结合的方法，弥补朱家沟有关研究资料的欠缺，展现在整体理论背景下不同地域的文化变迁状况。此外，本研究通过对文献资料的借鉴，综合总体的方法和观点，并进一步运用人类学田野调查与历史资料相结合的方法，对调查点的文化变迁现状做比较深入的论述和分析。

（三）研究理论与研究方法

1. 理论依据

一是文化变迁理论。

运动绝对性和静止相对性的哲学观点认为每一种文化都处在一种恒常的变迁中，任何一个民族都在不断地发展变化，体现其民族特征的文化特点也随之变化。文化的均衡、稳定是相对的，文化变迁是永恒的。“文化变迁指文化内容或文化结构等变化的统称。”所以有的人类学家用“社会文化变迁”涵盖“文化变迁”或“社会变迁”。文化变迁指的是任何足以影响文化内容或文化结构的变化。

二是族群认同理论，即情景论或工具论。

情景论将族群视为一政治、社会或经济现象，以政治与经济资源的竞争与分配，来解释族群的形成、维持和变迁。它强调族群认同的多重性，认为族群认同随不同情势、不同环境变化，所以工具论者又被称为“况遇论者”。情景论强调族群认同的场景性、族群性的不稳定性和群体成员的理性选择。它主张政治、经济结构等族群面临的外部环境引起和决定了集体认同的出现，引起了成员的共同立场、利益意识、制度创建和文化建构。

2. 研究方法

本文主要研究朱家沟这一特殊社区，研究小组人员的跨学科，从而在方法应用方面采用民族学、社会学并重的研究方法。本研究以民族学的田野调查方法为主体，辅以社会调查方法中的问卷法，深入实地，全面、翔实地收集第一手资料。站在主位与客位的角度对所收集的描述性资料和数据进行分析、归纳。主要研究方法如下：

（1）定性与定量的结合。定性研究是指研究者参与到实地情境之中，而非人工控制的实验环境，充分地收集资料，对社会现象进行整体性的探究，采用归纳而非演绎的思路来分析资料和形成理论，通过与研究对象的实际互动来理解他们的行为。定量研究是指确定事物某方面量的规定性的科学研究，就是将问题与现象用数量来表示，进而去分析、考验、解释，从而获得意义的研究方法和过程。为了了解当地的经济生活变迁，我们采用定性与定量相结合的研究方法。

（2）历史文献法。历史文献法就是搜集和分析研究各种现存的有关历史文献资料，从中整理和汲取信息，以达到某种调查研究目的的方法。为了收集相关的研究资料及关于朱家沟的史料，前往当地的地方志办公室、县图书馆和文化馆等查阅资料。

（3）半结构访谈。为了更详细地收集资料，我们采用了半结构访谈，半结构访谈指按照一个粗线条式的访谈提纲而进行的非正式的访谈。该方法对访谈对象的条件、所要询问的问题等只有一个粗略的基本要求，访谈者可以根据访谈时的实际情况灵活地作出必要的调整，至于提问的方式和顺序、访谈对象回答的方式、访谈记录的方式和访谈的时间、地点等没有具体的要求，由访谈者根据情况灵活处理。

（4）参与观察。所谓参与观察法，就是研究者深入到所研究对象的生活情景中，在实际参与研究对象日常社会生活的过程中所进行的观察。为了了解当地回族村民们一天的生活，调查组成员到当地入住与其一起生活，获取个案资料。

二　朱家沟村概况

朱家沟村地处榆中县东北的西兰公路旁，距兰州市35公里，是兰州市最大的回民行政村，由朱家沟、野鸡沟、阳凸庄、姬陆家四个自然村组成，现有571户，3000余人，除少数几户东乡族和撒拉族外，其余全部是回族。村民全都信仰伊斯兰教，但分属不同教派。

（一）自然概况

朱家沟是榆中县最大的纯民族聚居区，地处连搭乡政府所在地东南5公里处，距县城7.5公里，背靠兴隆山余脉——海拔1850—2000米的南山，由朱家沟、野鸡沟、阳凸庄、姬陆家四个自然村组成。全村有3300亩耕地，其中60亩水浇地，2700亩山地，人均1.37亩，以旱作农业为主。

朱家沟由于处于山川相连处，年平均气温5.8℃—7.4℃，1月份平均气温-8.0℃— -7.0℃，7月份平均气温18.5℃—19.9℃，≥10℃的平均积温2200℃—2600℃，平均无霜期为120—140天。

表2　　　　1972年朱家沟土地状况　　　　单位：亩

队别	总土地	其中队耕地					自留地	队有公用地	现有条田	梯田	备注
		水地	川地	川	山地	总数					
1	460	45	291	37	—	373	24	5	58	—	—
2	453	42	306	17	—	365	23	10	55	—	—
3	621	105	347	30	—	482	29	5	105	—	—
4	496	—	384	44	46	474	18	8	64	—	—
5	444	—	130	41	200	371	26	15	32	—	—
6	370	—	—	18	303	321	20	10	19	—	—
7	461	—	—	—	414	414	31	—	16	—	—
8	584	—	—	—	529	529	41	—	14	—	—
合计	3953	192	1458	250	1492	3329	212	53	363	—	—

资料来源：由朱家沟前任村委会主任马进禄提供。

条田：是将川区原来高低不平、大小不等的农田整理修成路、渠、林、田配套的农田。

表 3　　1982 年朱家沟大队包产到户土地分配状况　　单位：亩

生产队	人口	土地承包			人均
		耕地	自留地	合计	
1	178	376	24	400	2.3
2	160	364	23	387	2.4
3	161	236	17	253	1.6
4	279	459	18	477	1.7
5	210	368	24	392	1.9
6	157	317	20	337	2.1
7	276	401	31	432	1.6
8	146	268	21	289	2.0
合计	1567	2789	178	2967	1.9

资料来源：由朱家沟前任村委会主任马进禄提供。

表 4　　1994 年 9 月 22 日朱家沟村耕地面积　　单位：亩

	1	2	3	4	5	6	7	8	合计
自留地	24	23	29	18	24	20	31	41	210
耕地	373	365	482	478	371	321	414	529	3333
合计	397	388	511	496	395	341	445	570	3543
说明：二队有水田 55 亩，一队有水田 56 亩，三队有水田 105 亩									

资料来源：由朱家沟前任村委会主任马进禄提供。

（二）行政区划与历史沿革

朱家沟是兰州市最大的回民行政村，由朱家沟、野鸡沟、阳屲庄、姬陆家四个自然村组成，《榆中县志》云："朱家沟村辖朱家沟、阳屲庄、姬家圈、陆家屲、野鸡沟、大屲沟 6 个自然村，4 个村民小组。"① 据当地人讲述朱家沟村在明朝就有了，由于当时是朱家的天下，这里住着朱家的人，从而叫朱家沟。随着历史的演变，这里的回族逐渐增多，野鸡沟、阳屲庄、姬陆家都住上了回族，据说野鸡沟的野鸡比较多，故名野鸡沟，阳屲庄因在山的阳面而得名，姬陆家分为姬家圈和陆家洼。

① 榆中县志编委会编：《榆中县志》，甘肃人民出版社 2001 年版，第 77 页。

包产到户以前，朱家沟生产大队辖朱家沟、野鸡沟、阳屲庄、姬家圈、陆家洼，共计八个队，朱家沟辖区为一、二队，阳屲庄辖区为三、四队，陆家洼辖区为五队，姬家圈辖区为六队，野鸡沟辖区为七、八队。

朱家沟从1982年开始包产到户。以后，朱家沟由原来的生产大队改为行政村，阳屲庄为一社，朱家沟为二社，姬陆家为三社，野鸡沟为四社。

图1　中共榆中县委旧址

1938年年初，应甘工委的要求，中央派遣回族党员张杰（又名张恩科）和金少伯（化名金三津）到甘肃工作。同年五月，中共榆中县委成立，张杰任县委书记，其公开职业是朱家沟回民小学校长。金少伯以大壑岘回民小学教员的公开身份协助张杰工作。县委的主要任务就是：加强党员教育，逐步发展组织，开展抗日救亡的组织和宣传工作。1940年，傅俊杰（又名傅从俭，榆中人，党员）从延安回到兰州，甘工委又派遣他到榆中协助张杰工作，其公开职业是大壑岘小学教员。同年六月，甘工委机关被破坏后，西北中共局通知甘工委撤离部分暴露干部，1941年1月下旬，张杰、金少伯转移到徽县工作，傅俊杰去靖远，返榆中后又转移到临夏。至此，榆中县委即告结束。[①]

（三）民族源流

1. 回族源流

回族是由多种民族成分在我国唐宋元时期形成的一个民族，至今已有700多年的历史。甘肃回族的来源与丝绸之路东迁的“回回”有密切关系。唐宋时期，不少穆斯林商人、贡使经这条路进行贸易往来，有些就留居下来。到了元代，屯垦戍边的回回军士以及贡使、商贾等被安置到甘肃境内，他们有中亚、波斯人、阿拉伯人和蒙古人、维吾尔人等，这是最早居住在甘肃的回回人。到清初，甘肃回族已经形成了大片聚居区。

朱家沟回民源于何时，来自何地，历史文献的记载比较简要。《重修榆中县志稿》中记载：“榆中回族世籍已久，现代存在者有朱家沟、蒋家沟百家俱系河州人”，《榆中县志》云：“回族于清康熙年间迁入。聚居于连搭乡朱家沟、小康营乡大壑岘村、东山村，散居于麻家寺及甘草店一带”，[②] 又见《重修榆中县志稿》中云：“二十二年发给原来狄河难民耕种回遗地亩共二百六十六户，每户发给籽具钱一千文”等记载，可见朱家沟回族源远流长，历史悠久。

朱家沟曾经出土过原始社会末期半山类型彩陶罐及汉代大青砖、元代陶罐和缸葬等古代随葬文物，这些并非回族生活用品，可见明代以前这里曾是汉族、蒙古族人居住区或墓葬区，但从当地回族的房基和农田建设中出土的铸有“康熙”、“乾隆”、“咸丰”、“同治”等年号的钱币可以证明，早在明末清初，这里已经有回民居住，据当地老人讲，他们祖辈从清朝就生活在这里，三四辈的坟就在这里。全村现有回民先祖古墓六处，虽然历经二百余年，至今仍保留完整。据当地人说，他们祖辈从清顺治、康熙、乾隆年间为了躲避统治者的歧视、镇压，先后从兰州、永登、榆中马坡等地相继迁入到朱家沟，又有人讲，康熙给了他们一把斧和一捆绳，让他们在这里以砍柴为生。史载，自清初开始，由于统治阶级镇压和歧视回

① 中共甘肃省委党史资料征集研究委员会编：《中共甘肃历史丰碑录》，甘肃人民出版社1991年版。

② 榆中县志编委会编：《榆中县志》，甘肃人民出版社2001年版，第697页。

族以及回汉矛盾，兰州及其周边不断发生回族的反清起义，清顺治四年（公元 1647 年），回族将领米喇印、丁国栋发动的反清斗争，曾从河西东下，围攻兰州，营救马明心；乾隆四十九年（公元 1784 年）海原的田五等人，为被杀的苏四十三复仇，再次发动起义，西进兰州附近的靖远、皋兰等地；清咸丰到同治年间（公元 1851—1874 年），回族的河湟事变和陕甘回民起义等都发生在兰州附近地区。

图 2　朱家沟镇远景

清同治年间的回民起义军，曾在西固、陈官营、海家滩子等地与清军激战，起义失败后，清政府采取“善后政策”，迫使其移往朱家沟或远走他乡，再加上地方民团和顽劣势力的骚扰，也造成一些回民的大迁徙。《重修榆中县志稿》中有关民团的记载：“清时团练皆乡民自行团集拔丁按年事训练，保卫乡土，防护身家，若同治初年、光绪二十一年甘肃回乱，乡民间风鹤之声恐有鱼池之殃，不能不切实组织民团以备匪患，有事则团，无事则散，至民国三年中政府虽有设立保卫团明文，而未尽实行，不久亦即停止。”同治四年（1865 年）河州、狄道回民起义军从皋兰南乡羊寨攻入榆中贡马井、新营、甘草店等地后，金县人丁建善曾纠集数千人，借口抗击回民起义军，对榆中所有回民村大肆抢杀掠夺，使马坡的三伏、连搭的牛家庄、咬家河等村回民弃家出逃，大部分迁到皋兰山、西马营等地，少量的迁到朱家沟。左宗棠自同治五年督甘后，为了加强统治，在大举镇压回民起义的同时，以“安抚”为名，将回民进行集中安插。这时的朱家沟早已有回民居住，这里地处偏僻，是安插迁移回民的理想之地。

此后，朱家沟的回民在特殊的历史境况下，仍在迁徙变动中，民国十八年（公元 1929 年），甘肃武是八县连年大旱，灾民多达五百多万，又因兵祸不断，人民处于灾难之中，朱家沟也不例外，这里的树皮草根俱已食尽，又加瘟疫泛滥，人畜大损，有的则外出逃荒。在抗日战争期间，日寇飞机频繁轰炸兰州，城里的回民为了求安全，投亲靠友地移居到朱家沟。

2. 东乡族源流

东乡族自称“撒尔塔”，新中国成立前所谓的东乡纯属地域概念，因临夏原称河州，当地人对东、西、南、北有四乡的习惯称谓，撒尔塔人居住在河州以东，故名东乡族。随着新中国的成立，才被正式定名为东乡族。东乡族来源说法不一，撒尔塔人融合发展了多方文化，形成了今天的东乡族。

东乡族的迁徙很少是单人行动，绝大部分是全家行动或家中的部分成员先行，其他成员随后，先期到达的家庭又向原籍的本民族亲友及时反馈信息，牵线搭桥，提供帮助，于是引起十户、百户、千户的连锁行动。

朱家沟的东乡族清末为了逃难从河州一带逃到兰州，又几经辗转来到了朱家沟，当初只有两户人家，后与当地回族联姻，现在已经有 5—6 户人家了。

据当地的东乡族第四辈老人马世英讲，他们的太爷曾经是甘肃积石山保安族东乡族撒拉族自治县的人，为了逃难来到榆中县，在榆中县衙门供职，人称“马总爷”。当时曾收留两个临夏八坊的男孩子，后来就迁居在朱家沟。他的大爷有两个儿子，二爷有四个儿子，共弟兄六个居住在朱家沟。

三 朱家沟村的经济生活

朱家沟村是榆中县回族聚居的一个行政村，由四个社（自然村）组成，分别为一社姬陆家、二社朱家沟、三社阳岵庄、四社野鸡沟。四个社的耕地面积和人口都不相同，朱家沟和野鸡沟两个社相对较大，阳岵庄和姬陆家相对较小。改革开放以来，特别是近年来朱家沟村各方面都经历了巨大的变迁，尤其是在经济方面最为明显。朱家沟村在社会经济发展的大潮流下，其农业生产方式和耕作技术、村民的职业类型以及家庭和村落的居住格局都发生了很大的变化。在变迁的过程中，朱家沟的经济得到迅速的发展，但同时也由此引发了一些不容忽视的问题。

（一）从二牛抬杠到微耕机

朱家沟村的大部分面积坐落在兴隆山后的山麓地带，地势比较平缓。根据1973年的数据统计，全村共有3300亩耕地，到1992年的时候全村的耕地面积增加到了3446亩，其中一社的耕地面积为740亩、二社为950亩、三社为760亩、四社为996亩。由于各种社会因素和自然因素，到2009年朱家沟全村的耕地面积减少到了3300亩，其中水浇地200亩、山旱地3100亩。现在其耕地面积与2009年的相比变化不大。

朱家沟村的耕地面积比较广。根据调查的数据显示，除了教师、阿訇等家庭外，每家的耕地面积最少5亩，有的家庭耕地面积多达17亩。现阶段每家的平均耕地面积约为8.5亩。广阔的耕地面积和绝大部分山旱地都是黄土地，土质较硬，只要下雨很容易结成板块，因此，在翻耕时需要大量的人力物力。

在传统的农村社区，农业是村民最基本的生活保障和最重要的经济收入来源，农作物收成好坏和产量的高低直接影响村民的经济生活水平，而农作物的产量很大程度上取决于生产方式和耕作技术的高低。为了提高农作物的产量，朱家沟村民在长期的农业生产过程中不断总结经验，发展创新，在国家相关政策的扶持和帮助下，其耕作技术有了很大的进步，主要表现在机器耕作和薄膜技术两方面。

1. 机器耕作的兴起和发展

朱家沟村的土地耕作方式从20世纪70年代到现在大致经历了三个重

要的阶段：第一阶段从70年代到80年代中期，牛耕占绝对的支配地位，机器耕作零星出现并作为辅助方式存在。现在的朱家沟村在70年代称为“朱家沟大队”，共由八个小的生产队组成。1972年朱家沟大队大牲畜拥有情况如表5所示：

表5　　1972年朱家沟生产大队牲畜拥有情况表

类别 / 队别	牛	马	驴	骡子	合计
一队	12	0	4	1	17
二队	5	0	8	4	17
三队	12	1	5	5	23
四队	9	2	2	6	19
五队	13	0	2	1	16
六队	12	1	4	0	17
七队	16	2	3	1	22
八队	13	0	6	1	20
总数	92	6	34	19	151
百分比	61%	4%	23%	13%	100%

通过上表可以得知：1972年朱家沟生产大队共有151头大牲畜，其中牛有92头，占总数的61%；有6匹马，占总数的4%；驴有34头，占总数的23%；骡子有19头，占总数的13%。从以上的数据可以得知，牛的数量最多，占总的大牲畜数量的一半以上，驴的数量也比较多，马和骡子的数量比较少。另外，每个生产小队都有一定数量的大牲畜，而且每个小组饲养牲畜的数量相差不大。当问及为何出现上述情况时，村里的老爷爷们说：每种牲畜的多少是根据农业生产的需要来分配的，牛是耕地必不可少的工具，如果没有足够多的牛，大面积的旱地就不可能在播种季节之前耕完，从而错过最好的耕作时节，因此，每个生产小组会根据耕地面积的多少来确定饲养耕牛的数量。驴作为主要的运输工具，在农业生产和生活中都发挥着重要的作用，驴不仅在粮食收获的季节运输粮食，在平时的生活中也可以运送人和其他物品，70年代流行的“架子车”就是用驴作为牵引动力的。村里的老爷爷说当时新娘出嫁大部分都是骑驴或坐驴拉的“架子车”，可见当时驴在生产和生活中的重要性。骡子和马相对于前两

种家畜来说其作用相对小一些。骡子主要在麦子收割的时候用在麦场上碾小麦，马也是主要用来运输货物，但在朱家沟特定的条件下，驴的作用大于马的作用，因此，饲养骡子和马的数量就比较少。由此得知，在这一时期，家畜对农业生产的重要程度决定其数量，牛的数量最多，说明牛在这一时期是最主要的农业耕作工具。

到 80 年代中期，牛耕在农业生产中依然是最主要的耕作方式，但机器作为辅助的耕作工具开始出现。1985 年 8 月市统战部对朱家沟村的社会经济统计数据显示：朱家沟村共有耕牛 203 头，农用拖拉机 4 台，每个社有一台拖拉机。据老社长说，拖拉机是在 1983 年的时候国家免费发送的，属于社里的公有财产，主要用来运输货物和较平缓的大块旱地耕作，相关部门还专门免费培训本村开拖拉机的技术人员。另外，从 80 年代初期开始，个别相对富裕而且耕地面积较广的家庭购买微型手扶拖拉机代替牛耕。这一时期，机器耕作开始出现并逐步代替牛耕，但牛耕依然是最主要的生产方式。

朱家沟村土地耕作方式第二个重要的阶段是从 80 年代中后期到 90 年代末。在这一阶段，耕作技术得到了进一步的发展，微型耕作机开始普遍流行，牛耕和机器耕作旗鼓相当，共同促进农业耕作技术的发展。首先，机器耕作开始普遍流行是有一定的社会基础的。在这一时期，外出务工思潮开始在农村出现并迅速发展，越来越多的村民意识到外出务工的收入高于在家务农的收入，并且外出务工比务农轻松得多。在这种思潮的影响下一些年轻人开始去外地找工作，留在村里的大多是一些年纪比较大的或者未成年人。村里人口数量的减少和人口结构的变化极大地影响了农业生产的效率，年纪较大的人因体力有限而不适合用牛耕，为了保持甚至提高土地的耕作效率，微型耕作机成了村民最适合的选择。

其次，微型耕作机的普遍流行有其特定的经济基础。虽然外出务工的收入比务农的收入高出很多，但在这一时期由于各种条件的限制，几乎没有全家人都外出务工的，留下来的家庭成员会继续传统的农业生产，而外出务工的收入恰好成为农业生产投资的重要保障。也就是说有外出务工人员的家庭大多数有能力购买微型耕作机。另外，这一时期农产品价格和粮食单产量的提高在一定程度上降低了机器耕作的成本，农业收入增加。这是微型耕作机得以迅速发展的最基本的条件。

最后，机器耕作和牛耕相比有更大的优势。一是微型耕作机的工作效率比牛耕的工作效率高。村里的老人说机器一个小时的耕地面积相当于牛三个小时的耕地面积，也就是说机器的工作效率是牛的三倍。二是机器的操作和管理都比牛方便得多。如果养牛，每天都需要给喂养饲料，不仅消耗大量粮食而且还需要劳动力照料，而机器则不然，耕完地之后把其放置好，再用的时候可以直接利用，平时不需要任何照料。三是朱家沟村的土地绝大多数分布于村庄的四周，距离村庄很近，而且大部分的耕地都与比较平坦的道路相连接，微型耕作机可以直接开到地里，即使少数土地离路面较远，但微型耕作机的重量小，两个到三个成年劳动力就可以把它直接抬到耕作地点。综上所述，微型耕作机和牛相比有更大的优势。

80 年代中后期开始普遍流行的微型耕作机有当时特定的社会基础、经济基础和自身优势的。但当时外出务工人员的比例不是很大，村里的青壮年劳动力相对充足，很多没有外出务工人员的家庭劳动力充足而没有购买微型耕作机。另外，虽然多数人知道微型耕作机的优势，但由于经济、观念等各种条件的限制而继续养牛。村里祖祖辈辈都用牛耕地，突然用机器代替牛，很多人在几年内不能接受这一变化。村里的一个老人说刚开始流行机器耕作的那几年，许多人都认为机器耕地的深度没有牛耕的深，影响农作物的生长和产量，因此还有一部分的人宁愿选择牛耕而不愿意选择机器耕作。在经济、观念等各种条件的影响下，80 年代中后期才开始出现了牛耕和机器耕作旗鼓相当的局面。到了 90 年代后期越来越多的人接受机器耕作，更多的家庭也有了能力购买微型耕作机，因此，在 90 年代末机器耕作有了超过牛耕的趋势。

朱家沟村土地耕作的第三个重要阶段自 2000 年开始至今。在这一阶段，机器耕作的发展速度比上一阶段快了许多，到现在全村很少有家庭再用牛耕地。在朱家沟村，世代沿用的牛耕技术即将被微型耕作机取代，或许不久将永远退出农业生产的舞台，成为农业耕作技术上的历史。笔者在对该村的访谈过程中发现，大约平均每五个家庭中只有一个家庭养牛，村里牛的数量相对于 70—80 年代大幅度减少。一个养牛的家庭主人说，家里前几年就买了微型耕作机，养牛最主要的目的不是用来耕地，而是用来出售。近年来牛肉的价格一直上升，现在养一头牛两年就可以出售，价格在 6000 元左右，这对于一个在家务农的村民来说也算是一笔不小的收入。因此，现在朱家沟村有些家庭年轻劳动力外出务工，老人就在家里用小麦、玉米的副产品作为饲料养牛，每年也有一笔相对可观的收入。由此可见，牛从最初的耕作工具变成现在农村家庭的一种收入来源。

近年来，微型耕作机的迅猛发展除了上一阶段的经济和社会基础进一步发挥作用外，最重要的是现在绝大多数村民都相信现代科技的力量。现代科技不仅提高了农业生产效率，也在很大程度上改变了村民的思想意识。充当80年代至90年代的青壮年劳动力已经开始成为老年人，现阶段的青壮年劳动力大部分接受过一定程度的思想文化教育，对新事物的认可和接受能力相对较强，再加上国家相关部门通过讲座、实践技术指导等各种宣传方式加强村民对现代科技的认识，使之对微型耕作机等现代农业耕作技术进一步了解和接受。另外，近年来朱家沟村出现了“微型耕作机出租”的现象。有个别相对富裕的家庭购买一定数量的微型耕作机，在耕作的季节出租给村里没有机器的家庭，价钱以亩为单位计算。这种机器租赁方式的出现对机器耕作覆盖面的推广起到了巨大的作用，使朱家沟村正式进入了一个机器耕作的时代。

从20世纪70年代到现在，通过40多年的逐步发展，朱家沟村从一个纯牛耕的时代逐步转为纯机器耕作的时代。机器耕作代替牛耕不仅反映了耕作技术的发展过程，更从侧面体现了朱家沟村经济、社会的发展变迁过程。从其耕作技术的发展不难得知：农业技术和农村经济发展是两个相互影响、相互促进的统一体，农业技术的进步推动着农村经济的发展，农村经济的发展同时促进农业技术的进步。这是朱家沟村40多年来耕作技术和经济发展的规律，或许也能对该村今后的经济发展和农业技术进步有一定的借鉴之处。

（二）薄膜种植的兴起和发展

朱家沟村农作物种植技术的进步主要体现在薄膜种植的使用方面。薄膜技术的使用可以说是朱家沟村农业生产技术发展过程中的里程碑，薄膜技术的使用和推广不仅使农业生产技术得到进一步的发展，更重要的是极大地提高了农作物的产量，从而提高了农业收入水平。

薄膜种植技术指的是在播种完成后，用透明的塑料薄膜覆盖在所播种的土地上，并在四周用土压住使之与地面形成一个相对封闭空间。等到农作物发芽时，用刀具等利器在农作物生长的地方划出一个小洞以使农作物顺利长出地面。薄膜技术的最大作用在于保温。朱家沟村地处西北内陆地区，春天的平均气温只有8℃左右且昼夜温差很大，不适合农作物的种植，持续的低温会阻碍农作物的生长速度，使农作物在种植后很长一段时间内才能发芽。另外，夜间低温天气有可能使农作物的嫩芽被冻死。薄膜技术的使用在很大程度上克服了这一自然条件的限制，在薄膜和地面形成的相对封闭空间里，白天可以充分吸收阳光和热量，晚上的散热速度减慢，使其白天和晚上的温度均高于外面温度，极大提高了种子的存活率和生长速度。

薄膜种植技术分为两种——宽膜和窄膜。宽膜指的是用少数大片的塑料薄膜把整块耕地覆盖上，而窄膜指的是根据农作物种植的行宽把薄膜拆成相同的宽度，在每一行农作物上分别附上薄膜。这两种有各自的优势和不足，宽膜操作简单易行，只需在几块大的薄膜四周用土压住就可以了，但因其与地面形成的空间相对较大，所以其保温效果不是很好。窄膜的操作复杂，需要耗费更多的时间和劳动力，不仅要把一块薄膜拆成宽度相等的若干条，而且每一行农作物需要重复一遍工序，但是其保温效果比宽膜好，而且节省薄膜的使用量。一般来说，在农作物密度大的耕地上用宽膜，反之用窄膜。近年来朱家沟村民通过比较综合两种薄膜的特点，发明一种介于宽膜和窄膜之间的薄膜技术，即每块薄膜能覆盖 5—10 行农作物，既保证其保温程度，也有效减少了时间和劳动力的耗费。

朱家沟村薄膜技术的使用是“突然”开始的。最早使用该技术的大约在 1980 年左右，那时候只是个别家庭使用。在 2000 年以前村里还很少有家庭使用薄膜技术，到 2005 年以后全村大部分家庭都使用了薄膜种植。薄膜技术的推广为何会如此快呢？调查小组通过访谈得知：薄膜技术的迅速推广与农作物品种、机器耕作以及国家政策三方面有密切关系。

农作物品种的改变是推进薄膜技术发展的首要因素，对其发展起到决定性的作用。朱家沟村种植农作物品种没有太大改变，但各品种的种植比重发生了很大的变化。由于自然条件等各种因素的限制，村民主要种植的农作物一直都是小麦、玉米和土豆，有少数的家庭种植胡麻和油菜。根据村委会相关资料显示：在 1999 年时全村共种植小麦 2400 亩，占总种植面积的 79%；种植土豆 400 亩，占总面积的 12.4%；种植玉米 150 亩，占总面积的 5%；种植油料作物 50 亩，占总面积的 1.6%；其他作物 60 亩，占总面积的 2%。由以上的数据可以得知：在 90 年代末大部分家庭种植面积最多的是小麦，其次是土豆，玉米的种植比重很小。但调查小组通过访谈和观察得知：从近 5 年内种植的农作物来看，种植面积最广的是玉米，占总面积的 80% 左右；而小麦和土豆两种农作物的种植面积总共还不到 20%。不到 10 年的时间，玉米的种植面积从 5% 上升到 80%。导致这一变化的原因主要包括三方面：一是经济的迅速发展使村民解决了温饱问题，有一部分的剩余粮食可以出售。村里的老爷爷说："在 20 世纪 90 年代以前小麦基本不够吃，每年都需要国家供应一定的口粮，到 90 年代时基本能填饱肚子，到 2000 年以后粮食就吃不完了，小麦的种植面积就在逐年减少，大家伙都种植玉米挣钱。"二是玉米的单产量比小麦和土豆的单产量都高。朱家沟村种植玉米和土豆主要用来出售，近年来玉米品种改良——杂交玉米的出现极大提高了其单产量。通过访谈得知现在玉米每亩净产量在 1000 斤左右，而以前的种子每亩最多产 600 斤，相比之下现在种植玉米更加划算。三是近年来玉米的价格不断提高，从 90 年代的 3 毛钱一斤上升到现在的 1.5 元一斤，相比之下种植小麦和土豆就很不划算。基于以上三方面的原因，近年来玉米的种植面积迅速扩大。

与小麦和土豆不同，玉米属于亚热带作物，对气温的要求比较高。为了大面积种植玉米，村民们找到能让玉米快速生长的最佳方式就是使用薄膜技术。另外，玉米与小麦的种植方式不同，小麦种植呈片状分布，而玉米呈行状分布，在使用薄膜技术时操作简单易行。在玉米单产量和价格都不断提高的条件下，采用薄膜技术的成本越来越低。据村里人说，现在 10 公斤薄膜价格大约为 70 元左右，而 10 公斤薄膜可以覆盖一亩土地，也就是说每亩耕地的薄膜成本大约在 70 元左右，对每亩玉米大约 1500 元的产值来说是很低的。在成本等各方面都比较划算的情况下，几乎所有种植玉米的家庭都采用薄膜技术，同时随着玉米种植面积的迅速扩大，薄膜技术也得到迅速的发展和普及。

薄膜技术得以迅速推广的另一个重要因素就是土地耕作方式发展到第三阶段，机器耕作迅速发展。前文提到在 2000 年以后，朱家沟村的机器耕作有取代牛耕之势。机器耕作的最大优势就是提高农业的生产效率。在劳动力不断外出就业的情况下，生产效率的提高保证了在家务农的村民能完成大面积的土地种植，进而有使用薄膜技术的可能性。薄膜技术除了需要耗费一定资金成本外，还需要耗费一定的劳动力成本。试想，如果自家的耕地都无法种完，就根本没有时间和劳动力实行薄膜种植。另外，在机器耕作作为保障的前提下，有少数家庭开始大面积承包土地来种植玉米，为提高玉米的产量就必须使用薄膜技术。因此，薄膜技术在机器耕作迅速发展的同时也得到了迅速推广。

薄膜技术得以迅速推广的第三个因素是政策保障和政策宣传。薄膜技术 1980 年左右最初在朱家沟推行的时候并没有很好地得到村民的认可和接受，是国家相关农业部门通过各种方式的宣传使该技术逐渐被认可和接受。村里的人说刚开始的时候他们嫌麻烦，不明白好好的土地为何非要在上面盖上一层薄膜。面对村民的种种质疑，农业相关部门通过给村民开会、在学校开讲座以及直接派技术人员到地里指导等方式普及村民的农业技术知识，使村民了解和信任薄膜种植技术的优势。国家还承诺如因薄膜种植出现农业减产，国家会承担全部赔偿。另外，刚开始几年所有的塑料薄膜全部由国家统一免费发放。在各种政策的鼓励和宣传下，部分村民开始采用薄膜技术，几年后由于其明显优势赢得了村民的普遍信任，使该技术得以迅速发展起来。可见，一种技术的推广，特别是在农村地区的推广，必须有国家的相应政策给农民做保障。

基于以上三方面的原因，薄膜技术在 2000 年以后得以迅速推广，使之成为农业生产耕作技术的又一重要体现，不仅推动了农业生产技术的进步，更重要的是提高了农作物的产量，保障了农业经济收入水平，为农民增收作出了很大的贡献。

四　牛肉面拉来的小汽车

在对朱家沟进行访谈期间，调查小组在村里很难遇到 20—50 岁的青壮年，入户访谈时接待我们的基本是 60 岁以上的老人。当问及家庭其他成员时，我们听到最多的回答是“年轻人都出去了”，“都在外面打工做生意”。通过几天的调查发现，朱家沟村是一个典型的“空心村”，村里 20—50 岁的青壮年绝大部分外出就业，剩下老人和小孩儿留守偌大的村子，走在村子里感受到的更多是一种留守的无奈。

（一）外出就业家庭有增无减

朱家沟外出就业思潮开始于 20 世纪 80 年代初。村里的老人说，在 1980 年的时候村里已经有一部分家庭开始外出就业，那时大部分出去的都是做小生意。作为一种新的思潮，它不是空穴来风，而是有着深刻的社会基础，是特定社会背景下的必然产物。

国家放松对发展副业的限制和政策的支持是外出就业思潮得以出现的首要原因。1978年十一届三中全会之后，国家把发展国民经济作为工作的中心，鼓励人民积极发展副业。在老村长的工作笔记中我们发现一份1979年5月21日朱家沟大队开会内容笔记，具体内容如下：

> 1979年5月21日朱家沟村开会内容：
>
> 一、首先认清什么是家庭副业。社员家庭副业是经济的补充部分，而不是资本主义的尾巴。旧社会的家庭副业是私有制，现在的家庭副业是建立在社会主义公有制的基础上的。
>
> 二、经营产品所得的收益归个人所有，社员合伙经营的产品可以共同到集市上销售，社员的自留地是合作社分配的，可以自行种植和经营。
>
> 三、现阶段搞家庭副业的好处有：1. 能调动社员的生产积极性和增加社员的收入；2. 能够合理利用人力资源和自然资源；3. 可以增加社会的财富。
>
> 四、怎么样积极地开展社员的家庭副业：1. 解决好思想认识方面的问题，只有思想解放了，认识提高了，才能搞好家庭副业；2. 有计划、有组织地解决好产品的出售计划；3. 切实帮助解决社员的实际问题；4. 总结推广经验，要有正确的领导；5. 一定教育社员搞清楚家庭副业的种类和经营范围，防止走上资本主义道路。

从上面开会的内容可以得知：国家放松了对个体经济（家庭副业）的限制，鼓励以家庭为单位积极发展家庭副业，从先前的“合作社”中走出来。这种政策的鼓励和支持导致了村民生产经营思想的转变，成为外出就业思潮的起点。

朱家沟村80年代初的外出就业群体中，大部分属于“被动外出”。老村长说：“当时外出打工的基本上都是家里人口比较多，劳动力也比较多的家庭，没有全部成员都外出打工的家庭。”这是符合当时的社会背景的，1978年实行了家庭联产承包责任制，开始了以家庭为单位的生产经营模式，“吃大锅饭”的时代从此结束。这样一方面极大提高了农民生产的积极性，另一方面也给一些家庭带来不小的压力，特别是人口较多的家庭，虽然按人口分地，但在当时基本温饱问题还没解决的条件下，多一口人，吃饭的压力就增加许多。因此，有剩余劳动力的家庭为了减轻吃饭压力会选择一人或两人外出，但他们作为外出打工的导航者和先驱者，对后来外出就业的村民指明了方向。

万事开头难，有了第一批外出就业人员铺路，朱家沟村外出就业的人数逐年增多。到 90 年代初，该村外出就业的人数已达到相当高的比例。表 6 为 1992 年朱家沟村劳动力的基本情况：

表 6　　朱家沟村 1992 年基本情况

	总耕地（亩）	总户数（户）	总人口（人）	劳动力（人）		
				总数	外出人数	百分比
一社	740	85	390	169	97	57%
二社	950	148	736	266	188	71%
三社	760	87	423	163	112	69%
四社	996	151	703	258	136	53%
总计	3446	471	2252	856	533	62%

从上表的数据显示我们可以得知：80 年代初到 90 年代初的 10 年时间里，朱家沟村外出就业人数急剧增加，外出劳动力比例最低的四社也超过了劳动力的一半（53%），而二社的外出务工人员比例高达 71%，全村外出就业人数占劳动力的 62%，也就是说到 1992 年的时候全村 10 个劳动力中就有超过 6 人外出务工，留在村里的劳动力大多是由于老弱病残等各种因素限制而无法外出的村民。

另外，从上表的数据显示：一社有 85 户，外出就业人员为 97 人；二社 148 户，外出就业 188 人；三社 87 户，外出就业为 112 人；四社 151 户，外出就业为 136 人，全村共 471 户，外出就业人员为 533 人。除四社之外，其他社至少都有两个或两个以上外出劳动力的家庭。村里的老书记说：“其实在 90 年代初的时候，村里已经有少数全部外出就业的家庭了。”从 80 年代初期外出就业思潮的萌芽到 90 年代初举家外出的出现，10 年的时间里朱家沟村外出就业实现了从“个人”到“家庭”的转变。

从90年代开始，朱家沟村外出就业人数比例有增无减。通过调查我们发现，现今该村绝大部分家庭都有外出就业人员，并且呈现出三种基本的形式。第一种形式是举家外出。有的甚至在大城市买了房子定居下来，其中少数人已经把户口迁到定居城市，严格意义上来说他们已经不是朱家沟的村民了。第二种形式是子女外出，父母留守。第三种形式是联合外出。许多人出去闯荡了一段时间后，亲戚朋友也跟着出去了，形成了滚雪球的效应。他们的创业都是从牛肉面开始的。

五　朱家沟村的婚姻与家庭

（一）婚姻

婚姻历来是人类学、社会学等学科的热门话题，它在人类社会中占有举足轻重的地位。婚姻不仅是人类再生产的最有效的方式，也是家庭关系得以建立的基础。婚姻通常是指男女双方通过择偶结成夫妻，而且是经过正式礼节形成的一种特定的社会结合。

著名的人类学、社会学家费孝通先生认为婚姻是社会为孩子们确定父母的手段，婚姻的意义是确立双系抚育。

1. 婚姻制度

回族信仰伊斯兰教，深受伊斯兰教教义、教规的影响，注重社会道德的约束，基本上没有血亲和姻亲的婚姻关系，回族人秉行族内通婚和回女不外嫁的原则。笔者在调查中发现，朱家沟回族人的婚姻制度，长期以来一直是一夫一妻制。

伊斯兰教允许一夫多妻制，在封建社会，很多大户人家基本上都会存在一夫多妻这种现象，在1949年之前，这种现象在各地的回族中也有存在，但在朱家沟村，笔者在调查中并未发现这种现象。1949年以前，中国的广大农村地区经济比较落后，朱家沟村也不例外，大多数的村民只有少数的土地，富裕的人家并不多，由于贫穷，他们负担不起一夫多妻。

新中国成立后，国家进行土地改革，每家每户都分到了土地，而且共产党宣传“自愿结婚，自愿离婚”的原则，实行一夫一妻制。在朱家沟村，近亲结婚的现象基本上不存在。

2. 婚姻观念

（1）通婚习惯

朱家沟村回族人的通婚习惯呈现多样化的趋势。在20世纪五六十年代，朱家沟回族人的婚姻缔结方式主要是父母包办，当事人双方基本上都是遵照父母的意愿，青年男女双方基本上处于被动地位，目前本村70岁以上的老人中，70%的妇女都是本村的，因为附近都是汉族村落，而回族秉行族内婚，一般情况下不与外族通婚。

八九十年代，随着改革开放的发展，全国各地的农村经济条件逐渐变化，人们的生活水平逐渐提高，朱家沟回族人的通婚习惯逐渐由父母包办向自由恋爱过渡。

在现在的年青一代里，许多年轻人都外出打工，深受外部文化的影响，他们的思想更加开放，找对象不再拘泥于传统的观念，父母大多不会参与。在调查中笔者经常听到父母们这样说："只要他们自己愿意、信仰相同就行"，当笔者问到："如果是汉族呢?"他们说："汉族进教（伊斯兰教）就好。"由此可见，现在的通婚习惯呈现多样化的趋势。

虽然通婚习惯多样化，但是朱家沟回族人在择偶时还是以本民族、宗教信仰为首要考虑的因素。

（2）结婚年龄

在很多人的观念里，回族是倾向早婚的，尤其在农村地区，回族姑娘早婚的现象还是很普遍的。

在朱家沟村，本次调查中60岁以上的老人，男性初婚年龄在18—26岁不等，80%的人初婚年龄在19—21岁；女性初婚年龄在14—25岁不等，80%的人初婚年龄在17—20岁。现在村中的青年男女普遍晚婚，父母们也不主张过早结婚，认为孩子过早结婚压力会很大，对孩子未来的人生没有多少好处。

（3）婚姻的礼仪

朱家沟回族人对于婚礼非常重视和讲究，婚礼步骤也很复杂，具体如下：

1）说媒

媒人在回族中很受尊重，他们的努力不仅会得到当事人现实的物质报酬，而且在"来世"也会得到真主的回赐，所以很多人都乐于做媒。

回族请媒人一般要两个到三个，一个代表男方家的媒人，一个代表女方家的媒人，一个作为中间人。男方家的媒人提亲时，要带四色礼（茶叶、糖等），并通报男方家的姓名、家庭经济状况和教派等情况，女方家长听后觉得大体合适，便给男方家媒人回话。女方家也请媒人到男方家看家道，并由男女双方媒人安排姑娘、小伙子在集市或亲戚朋友家见面，看男女双方相互能否看上相貌人品。

随着社会的发展变化，现在有些青年男女互相早已认识，彼此相互了解，但还是要请媒人给双方家庭说明情况。现在，说媒就是走过场。

2）定亲（有些地方也叫定茶）

定亲通常称为“道喜”。道喜日期以“主麻日”为佳，这天凌晨，男女双方家要过乜贴，以寄托美好的希望。

3）送礼、定日子

定亲后，男方要赠给女方一定的礼物。然后由男方舅舅或媒人与女方议定婚期，一般也以主麻日为婚期，还要看是否公历、农历的双日。之后女方家长即向未来女婿回赠衣服鞋袜等礼品，等待婚期到来。

4）举行婚礼

男女双方商定好结婚的日子后，在那一天举行婚礼，请阿訇念“尼卡哈”（nikaha），然后男女双方正式结为夫妻。

（4）“尼卡哈”与结婚证

“尼卡哈”一词是阿拉伯语的音译，原意为“结婚”、“婚姻”。根据伊斯兰教教义，“尼卡哈”是判断一对青年男女婚姻合法性的基本尺度，男女双方只有请阿訇念了“尼卡哈”才算结为真正的夫妻。

在新中国成立以前，朱家沟村的青年男女在结婚念“尼卡哈”时，阿訇要先看结婚证，然后才念“尼卡哈”，听村中的老人讲，那个时候阿訇在念“尼卡哈”前要先看结婚证，如果没有结婚证，阿訇是不给念“尼卡哈”的。现在的青年男女在举行婚礼前早早的就先领取结婚证，再在结婚当天举行宗教仪式。现在，阿訇不再看男女双方的结婚证。换句话说，如果请阿訇念了“尼卡哈”同时举行结婚仪式，建立的婚姻关系就是合法的，即使没有领取结婚证也会被社区中的人们认可；如果只领了结婚证而没有念“尼卡哈”和举办结婚仪式，这样的话社区中的民众就很难会认同这种婚姻关系。

总之，在朱家沟村，不论是否领取结婚证，而念“尼卡哈”这种宗教仪式是必须要举行的。

（5）婚后的居住方式

1）从夫居

结婚后，一般是女子住到男子家中，称为从夫居。在朱家沟村，不管是解放以前还是现在，女子在结婚后都是从夫居的。

2）单独居住

在儿子多的人家里，大儿子在结婚后通常都会被分家出来单独居住，这样的情况在朱家沟村很常见，他们在婚前都是与父母共同居住，只有当他们再有弟弟结婚时，就会被要求分家。在朱家沟村，分家分财产时，土地是按照人口数来平均分配的，房子一般会被分给小儿子，父母一般情况下会与小儿子共同居住。

3）招亲入赘

在农村，家中如果只有女儿而未生育儿子的话，则会为自己的一个女儿招上门女婿。在朱家沟村，近几年来招赘上门女婿的有两户人家。

（6）通婚圈

通婚圈是某一社会根据不同原则经过选择和取舍所形成的多维空间结构。[①] 在朱家沟村，多维空间结构主要表现在文化、地理和经济方面。从文化角度出发形成的文化圈，如族内婚与族外婚；依据地理位置的远近形成的地域圈；依据经济条件的好坏形成的经济圈。

1）族内婚与族外婚

族内婚是指必须从自己所属某种群体之内选择配偶的规定；族外婚是指从自己所属某种群体之外选择配偶的规定。在新中国成立以前乃至20世纪七八十年代，朱家沟村的村民一直都是严格遵守族内婚的，与外族通婚的现象从未发生过。从90年代至今，许多人开始外出到全国各地打工，甚至在外地定居，受到外部环境的影响，族外通婚的人越来越多。但是族外通婚有一个条件：必须加入伊斯兰教，信仰伊斯兰教。

2）地域圈

通婚的地域圈反映了婚姻当事人之间的地缘关系，从一定程度上测量了人口的流动和社会关系的延伸。

在五六十年代，朱家沟村村民的嫁娶基本上局限于本村，但是随着经济的发展，农村青年外出打工，人口流动于各省各市之间，人们的嫁娶范

① 马宗保：《单家集卷》，宁夏人民出版社2008年版，第50页。

围也随之扩大。在本次调查中笔者了解到，朱家沟村村民的嫁娶范围除了本村外，还扩展到榆中县、定西、临夏、吴忠、银川等地，个体之间的社会关系圈也随之扩大。

3）经济圈

通婚的经济圈是指婚姻当事人在经济地位上的差异。在农村，女子往往倾向于找一个经济条件比自己好的男子，男子也往往愿意找一个比自己经济条件差的女子。

（二）家庭

“家庭是以婚姻和血缘为纽带的社会生活组织形式”。[①] 家庭是社会最基本的单位，也是引起人们其他社会关系的纽带。费孝通先生认为家庭就是以婚姻关系为基础的一种血缘结合的单位，是由父亲、母亲和子女构成的三角关系。一对配偶结婚后，夫妻占据三角关系的两点，只有当孩子出生后才能构成完整的三角结构，随着子女数的增加，第三点的内部逐渐变化、重组，由此三角形不断进行重组和瓦解，这就促使家庭的形成及变化，这种动态的过程形成了不同形态的家庭。

学术界一般把家庭划分为四个类型：主干家庭、核心家庭、联合家庭、多偶家庭或复婚家庭，另外还有单亲家庭。

在朱家沟村，普遍存在的是核心家庭、主干家庭和隔代家庭。核心家庭是由一对夫妻和其未婚子女组成的家庭；主干家庭是父母和一个已婚子女或未婚兄弟姐妹生活在一起的家庭，通常包括祖父母、父母和未婚子女等直系亲属三代人；隔代家庭是由三代或三代人以上组成，中间一代因某种原因缺损，如由祖孙组成的家庭。

1. 家庭规模

家庭规模是指家庭的人口数量。朱家沟村回族家庭规模一般在 4—6 人之间，在本次调查中笔者了解到的也有 12 人之多的家庭，但这种家庭一般都是四世同堂。表 7 是本次调查的 38 户人家中家庭人口数的分布简表：

---

① 允康：《家庭社会学》，重庆出版社 1986 年版，第 36 页。

表7 **家庭人口数** 单位：人、%

家庭人口	频次	百分比
1	1	2.6
2	1	2.6
3	3	7.9
4	6	15.8
5	6	15.8
6	12	31.6
7	2	5.3
8	2	5.3
9	1	2.6
10	1	2.6
11	1	2.6
12	1	2.6
漏答	1	2.6
总计	38	100.0

目前，朱家沟村家庭人口数主要在4—6人之间，大多是主干家庭、核心家庭和隔代家庭。在普通的回族家庭里，只要大儿子结婚生子，普遍都会分家单过，有些也是等二儿子结婚生子，必定会分家。在朱家沟村，大多是父母和一个已婚儿子同住，儿子承担父母养老的职责，普遍都是三世同堂。朱家沟村是一个回族聚居村落，80%的中年人都外出打工，是典型的空心村，大多数是老人孩子同住。

2. 家庭关系

朱家沟村存在的家庭关系有：婚姻（夫妻）关系、亲子关系和其他关系（兄弟姐妹之间的关系、婆媳关系、妯娌关系和祖孙关系）。

（1）夫妻关系

夫妻关系是家庭关系中最重要的关系，由丈夫和妻子共同构建。丈夫在家庭中要关爱、供养妻子，妻子要尊重丈夫，勤俭持家。在家庭关系中，男子在家庭劳动和生产中居于主导地位，对家庭经济的繁荣担负着重要的责任和义务，女人的职责是照顾孩子和料理家务，协助丈夫做力所能及的事情。

传统的夫妻角色是“男主外、女主内”，伴随着经济的发展、时代的进步，此地的人们的思想观念也逐渐发生变化，“男主外、女主内”这种观念也趋于瓦解，男女之间的分工趋于模糊。

在朱家沟村，普遍存在的夫妻关系都比较和谐，笔者在调查中了解到，村中的夫妻之间很少有矛盾发生，偶有吵嘴这种状况也会很快得到解决，没有发生过大的矛盾事件。

（2）亲子关系

亲子关系是父母和子女之间的关系。父母把子女养大成人，在父母年老时，子女又把父母养老送终，这在农村是古老的习俗。在农村，父母养育的子女很多，但是给父母养老的却只有一个，老人往往会和小儿子生活，对于没有儿子的家庭，通常会招赘上门女婿，承担赡养老人的义务。

（3）其他关系

如：兄弟姐妹之间的关系、婆媳关系、妯娌关系和祖孙关系。

3. 家庭功能

朱家沟村主要由核心家庭、主干家庭和隔代家庭组成，家庭承担着生育、经济、教育、养老和宗教生活的功能。

（1）生育功能

传宗接代始终是朱家沟村男女结婚的头等大事，一般夫妻双方在结婚一年多就会生育子女，但在不同的历史时期，村民的生育情况和意愿不尽相同。

新中国成立后，中国共产党进行土地改革，老百姓分到土地，同时国家鼓励多生育，这在一定程度上刺激了人口的增长。1981 年，国家实行包产到户政策，土地是按照人口数来分配的，村民为了多分到土地，大家也都有生育的意愿，因此，目前村中 60 岁以上人中，他们在自己的生育年龄阶段也并未采取节育措施，几乎每家每户都有三个或三个以上的孩子。

近年来，国家大力实行计划生育政策，朱家沟村一般家庭都只有两个孩子。在生育意愿上，大家都希望是一男一女，但也有少数违规的人家，比如有些家庭前两胎生的都是女孩，那么他们就会想办法再生育，直到生出男孩为止，这种现象也有存在。

（2）经济功能

家庭不仅仅是一个生产单位，也是一个消费单位，它为家庭中每个个体提供衣食住行的需要。在集体公社时期，家庭的功能侧重于满足个体的温饱。近年来，随着经济的快速发展，人们不再只满足于物质需求，也开始追求精神、娱乐消费。此时，家庭的经济功能逐渐凸显。

（3）教育功能

家庭教育是家庭承担社会责任的最重要的一种功能，家庭是儿童社会化初级场所，不仅为儿童提供游戏和学习场所，而且引导他们从游戏到学习，从学习到劳动过渡，而这种引导过程即是家庭教育。

在朱家沟村，小孩子上幼儿园以前都是由父母教育，主要是伦理道德方面的教育，有文化的父母也会提前教孩子认字和算术。上学后，父母对孩子最常的教育就是让孩子听老师的话，好好学习。

（4）养老功能

在农村，养老保险制度还没有全面普及，老年人的养老模式还是倾向于家庭养老。在朱家沟村，老人的晚年一般是和其中一个儿子共同生活，家庭承担着老人的养老功能。

（5）宗教生活功能

朱家沟村这个回族村庄，其500多户人家全部为回族，回族是一个全民信仰伊斯兰教的民族，其宗教生活在人们日常生活中占有举足轻重的地位。

在朱家沟村调查的那段时间正逢回族每年一月的斋月，笔者发现那段时间，村民的宗教聚会和日常宗教仪式举行得很频繁，可见宗教活动在人们生活中的地位。这些宗教活动主要包括封斋、去清真寺做礼拜等。此次斋月正逢暑假，村中许多妇女和小孩子都去清真寺学习宗教知识，可见宗教活动已深入到家庭的日常生活。

六　朱家沟村风俗习惯变迁

（一）婚俗变迁

回族信仰伊斯兰教，一切生活、行为无不受伊斯兰教清规戒律所影响。因此，回族的婚姻习俗与伊斯兰教的婚姻制度有着千丝万缕的联系。正如刘智在《天方典礼》“婚姻篇”中所言：“清真之礼，出自天方圣教。”所以，回族的婚姻必须遵循伊斯兰教的规定，把结婚视为天命和圣行。但是随着回族这一民族在中国大的社会环境中的发展与适应，在族际通婚圈方面也产生了巨大的变化，其中，和非穆斯林结婚成为一种适应社会的最常见现象。

本次调查的朱家沟回族村落的传统婚姻习俗，首先必须按照伊斯兰教的条件：第一，男女双方都是穆斯林。如果一方不是，就必须让非穆斯林入教，成为穆斯林才可与之结婚。《榆中县志》中也有类似的说法，如“不与汉族混合，种族之见甚深，如汉人有入回教者则诋之为随教，如回民有为汉人者则乐之为反叛，恶感尤甚”等语。经过调查得知，在 90 年代以前，由于回族的婚姻观念的保守性，朱家沟的回族一般都是族内通婚，更是限制于回族村之间的婚姻结合，在选择配偶时首先考虑对方的民族，宗教信仰怎么样，不能接受回族和非穆斯林结婚，当地人认为这样会使得自己家受到别人的另眼相看，听当地的老人说：“在当时的社会环境下，自己的信仰都保不住，要是再和汉族结婚，传统的宗教信仰文化更容易丢失。”第二，男女双方同意。女方成为男方的意中人后，首先要去男方家，了解其各方面的情况。然后男方正式提出订婚要求，并要给女方赠送见面礼，如女方接受男方的赠礼，这门亲事便算是初步确立，这叫“落话”。这时男方正式央媒人说亲，送“订茶（订婚）”，女方才提出要彩礼的条件，经过介绍人的来回商定，就去做准备，接着便研究送大礼，决定结婚日期。一般在结婚前数十日由介绍人携带双方事先商定的衣服等礼品，以及彩礼钱到女方家，双方协商择定完婚日期。在结婚前夕或当天，请“阿訇”到女方家念成婚经，寺管会、乡老、满拉、双方家长、新郎由傧相陪同，亲友全部参加，静听阿訇念“赞言”。首先由阿訇问双方家长是否同意，这时双方家长同声当众宣布“我的女儿××自愿许配××为妻”；“我的儿子××自愿娶××为妻”。阿訇再问：“办理结婚手续否？”介绍人说：“已办理”，阿訇又向新郎考问宗教信条（伊玛尼），新郎如能流利背诵，才开始念“赞言”。在调查中发现，过去对结婚过程中的宗教仪式也就是念“尼卡哈”更加重视，而对法律形式的结婚领证反而比较淡化，甚至本地人宗教观念上认为不念“尼卡哈”的婚姻是非法的。

结婚典礼更是隆重而热烈，喜气洋洋，男女双方都设宴席，邀请各处的亲友赴宴，双方各处组成娶亲队和送亲队，送亲队人数多寡不一，少则七八个，多则十几人，这主要看娶亲者来了多少人，送亲者也相应去多少人，人数相当方才不算失礼。经过调查得知在七八十年代，当地生活比较困难，娶亲也比较简朴，再加上婚姻联姻家庭实地距离比较近，一般都是走，或者用骡子，娶亲一般也就六七人，在婚礼当天，最有趣的是闹公婆，乡亲们把公婆和他的兄弟们一个个“抓来”，由年轻体壮的人“控制住”，画上奇异的脸谱，男的一般头顶破草帽，或高高的尖尖帽，反穿大皮袄，耳朵上戴长长的辣椒串，口带用牛、马尾毛做成的长胡须，颈项上挂大牛铃，腰上拴大麻绳。然后人们簇拥着去迎亲，直到把新娘娶进家门，才告结束。有时公婆来不及除装洗涤，又会引起席间阵阵欢声笑语，这样闹虽不合教规，但当地人习焉成俗，人们也不反对，一方面是喜事，一方面说什么“三天不分大小”，越热闹越好。当天晚上，要闹洞房，直到深夜，众人方才尽欢而散。

婚后第一天清晨，新郎要在傧相陪伴下到岳父家中道“色俩目”。第二天岳母要率众亲友去向新郎家道喜。届时还一一向新娘赠见面钱，以表示庆贺。公婆们也要向道喜的人回赠礼品（钱或物），第三天，新媳妇回门，娘家除热情款待外，并要向陪同回门来的人一一回赠礼物，对新娘的馈赠尤为优厚。

近年来，朱家沟村在传统婚姻习俗方面发生了巨大的变化，随着年轻人的外出务工，年轻人传统思想观念的现代化，更倾向于自由恋爱，排斥传统说亲的方式，使得传统婚姻习俗的传承举步艰难。首先是在婚姻双方的族别上已变得不那么明显，传统的婚嫁程序已很少沿用。在调查过程中发现，村里的中老年人对后人们的婚姻已放的很开，对子女在婚姻上也没有过多的要求，不按照传统的娉婚程序、接受族际通婚已是很常见的事情。有的老人说：“现在的年轻人，外面混搭的，已经在择偶方面没有什么禁忌，领回来汉族女孩子，家人还没有办法，只好同意为其举办婚礼。”也有人认为：“社会变化引起的现象，没法改变，只有接受。”年轻人在外面领回来的非穆斯林女孩回家结婚成为村里很平常的事情，但是老人们坚持如果不是穆斯林，必须让她进教，成为穆斯林才可与之结婚。现在的婚礼和过去的婚礼形式也发生了很大变化。举办一次婚礼，花费大概就在两万元左右。加上地域通婚圈和族籍通婚圈的破坏，小轿车等新型交通工具在婚礼中的运用非常普遍。听当地老人说：“在一次婚礼中，娶媳妇的娶亲车队有十几辆，这是我长这么大见过的最隆重的娶亲阵势。”吃的方面也占了婚礼很大部分的费用，现在的吃席不像过去，样样离不了肉，海鲜、鱼等已成为餐桌上的常见食物。另外，近年来出现了一种普遍的现象，年轻人娶媳妇办完婚礼就直接带到外面去，很少留在家里照顾和赡养父母。

（二）丧葬习俗变迁

回族的丧葬主要是按伊斯兰教的习惯进行，有严格的制度和程序。这些规则都是历代学者们依据《古兰经》和圣训确定的统一行为，禁止破坏戒律独立创立新规矩。回族人把死亡称为“无常”或“归真”，忌用“死”字，把遗体称作“埋体”，称殡礼为“送埋体”。

与中国传统文化中的生命观念不同，回族认为，人的生命终结是“真主”前定的“大限”所致，人死亡才是人的真正归宿。人死亡后将等待未来世界末日的到来之时，真主依据每个生命体生前的善行与罪恶而进行的审判，从而最终进天堂或是下火狱，实现人生价值延续，而不是立即成仙或轮回转世再做人做马。

回族葬礼与其他民族的不同，主要表现在薄葬、速葬、土葬。一个人停止了呼吸，并且获得了死亡的确认，亲属即瞑其目，合其嘴，然后帮助他脱去平常的衣服，把身体放平，顺其手足，然后置遗体于木床上，用白布把尸体盖上，由亲属守候，不得离去。及时通知家属和亲友，说话注意用词和语气。自病人咽气之日起至送葬，一般不超过三日。殡礼结束，埋体立即运往墓地进行土葬。

在朱家沟调查发现，当地与其他地区回族一样，在丧葬传统习俗方面保留得比较完整，变化不大。但还是产生了一些新的习俗事项，过去的坟场里，看不到墓碑，而现在墓地里出现了石碑，从当地老人中得知，由于年轻人出外，时间长了对已亡亲人悼念或去坟地悼念就会变少，有时会忘记先人的坟墓，为此，很多后人为自己的亲人立石碑。在传统过程中，亡者家的亲人都会参与葬礼的各项事宜，但是现在主要是老年人主持，大多数年轻人都在旁观。当地老人们说：“现在的年轻人外面就受的汉文化多，对传统的一套都不懂了，所以在这方面他们没有发言权，都是年长的照看着办理。”另外，随着人们经济生活水平的提高，现在参加葬礼的人明显增多，亡人家会邀请全县范围内的穆斯林，被邀请者也都会义不容辞地参加。

（三）生活习俗变迁

现在朱家沟的中老年人在饮食方面还保留着比较传统的习俗，而变化最大的是在外开牛肉面馆和到牛肉面馆打工的年轻人与村里的大学生。村中的一位大学生曾说："现在成都市里的回族比较少，在外面也不知道哪些是真正的清真食品，认为食品上面标有'清真'的字样就可以食用。"从这个现象可以看出，现在年轻人的传统的清真概念有一定的弱化。

在日常生活方面，穆斯林严禁说谎、赌博、偷盗、抢劫、吸毒、贩毒、奸淫、放高利贷，禁止求签、算命、拜偶像，忌讳在背后诽谤和议论他人短处、在人前袒胸露臂，严禁打探和窥视他人的隐私。禁止男扮女装或女扮男装。忌讳妇女服饰妖艳，禁止妇女穿着稀薄、透明、露体的衣服。禁止过分的装饰、美化和进行外科整形。严禁刺青、文身，等等。

在我们的调查过程中，听当地老人们说，年轻人在外面也有吸烟、喝酒的，但是回到家里这种现象比较少，可能是害怕老人们说闲话。由于随着经济的发展，在朱家沟的年轻人当中佩戴首饰已经成了一种时尚潮流，此种现象在村中比较普遍。在过去的六七十年代，当地村民有过对国家领导人崇拜的现象。听当地的老人说："家里之前挂有毛泽东、周恩来、邓小平等人的画像，但是随着人们对宗教信仰的重新认识和宗教观念的提升，现在村中没有家庭再挂过去领导人的画像了。"

在服饰与起居方面，从全国范围来看，随着社会文化的交流发展回族服饰基本上"入乡随俗"，不同地区的回族与邻近民族主要和汉族服饰大体相近，历史上也就有"汉装回"之称。各地回族民居随着周围大环境的条件而变化，总体上和当地汉族民居没有多大区别。

在调查的几个朱家沟社区中，在十几年以前，和其他地区的回族一样，保持着围绕清真寺居住的习惯。基本的建筑特色随汉族，并且屋内有经文"度阿依"装饰，一般是圣训或者《古兰经》格言，大门上方有回族标志经文格言。服饰方面有区别于周围民族的特征，例如中老年男性戴"清真帽"、女性戴"盖头"。而近些年，这几个社区的回族室内陈设趋向于一般化，重视经文格言装饰的家庭不多。另外戴白帽多为中老年人，年轻人戴白帽现象比较少见。回族的服饰平时和周围汉族几乎没有区别，但是妇女在经过清真寺经堂教育之后，中老年妇女普遍戴盖头或纱巾。

七　朱家沟村宗教文化的变迁

一个民族宗教文化的变迁是个漫长而微妙的过程。“民间信仰是深层文化积淀，其变迁不是自发的，而是近代以来经济政治变迁冲突的结果，变迁也不是一帆风顺的而是遇到了很大的阻力，付出了很大的代价。”① 回族是我国信仰伊斯兰教的十个少数民族之一。长期以来，伊斯兰教对回族人的精神意识起着决定性的支配作用，对回族人的政治、经济、文化和日常生活有很大的影响。对回族的形成，伊斯兰教更具有直接的十分重要的作用。

（一）朱家沟清真寺基本概况

伴随着回族群体的大分散小集中的集聚居住格局，体现回族的特殊物质表象让我们想起了清真寺。俗话说：哪里有穆斯林，哪里就有清真寺。清真寺的建立对回族的社会发展、意识信念有着重大的影响，清真寺是穆斯林沐浴、礼拜和举行宗教仪式的场所，同时还负有举办宗教教育、传播宗教常识和学问的使命。伊斯兰教在中国赖以延续和传播，千百年来不断发展，其主要原因是依靠清真寺的经堂教育所维系。另外，清真寺也是宣讲教义的场所，每逢聚礼日、斋月内、尔德节、古尔邦节、圣纪节等阿訇都要向信徒宣讲《古兰经》、教义、教律、圣史和宗教传说故事，借以劝解教民。正是如此，朱家沟的清真寺在回族社区的日常生活中也发挥着重要的作用。

值得一提的是，在野鸡沟有一座小“拱北”。它建于何时，恭葬何“贤”，归属哪个门宦，鲜为人知。笔者曾走访了当地几位八十多岁的回族老人，他们也不详其来龙去脉，只知道他们爷爷辈在世时，就有了这个“拱北”。大约在清代中期，野鸡沟一位脚户在金城（兰州）卖完柴火赶着骡子回来，走到“马公子山”时，骡子突然无缘无故的惊慌乱跳。脚户被摔在地的同时，骡子也因一条腿跌伤而倒地不起。这位卖柴的脚户本来就家贫舍穷，骡子是其家中唯一的财产，看到骡子卧地不起，主人万分焦急，无奈之下放声大哭，怨天骂地。在一筹莫展的悲哭声中，一位白发

① 赵嘉文、马戎：《民族发展与社会变迁》，民族出版社 2001 年版。

表 8 **朱家沟清真寺一览表**

	地址（朱家沟）	初建时间	教派门宦	重建时间	占地面积（平方米）	建筑面积（平方米）
朱家沟清真寺	朱家沟村	清顺治年间	尕德忍耶	1983 年	1500	213
野鸡沟清真寺	野鸡沟村	清乾隆年间	尕德忍耶	1984 年	924	250
野鸡沟新教清真寺	野鸡沟村	—	伊合瓦尼	—	—	—
姬陆家清真寺	姬陆家村	1988 年	尕德忍耶	2002 年	600	182
阳洼庄西清真寺	阳洼庄村	清朝末年	尕德忍耶	1993 年	644	210
阳洼庄东清真寺	阳洼庄村	清朝末年	伊合瓦尼	1985 年	2500	236

（部分材料来源于《兰州市民族宗教志》）

苍苍面容和蔼的老人悄悄地走到了脚户的面前，白发老人问明原委后，走到骡子旁边，对腿蹄受伤难以起立的病畜轻轻抚摸了几下，受伤的骡子一跃而起，行动如初。脚户看到此情景先是目瞪口呆，继而由悲转喜，惊叹不已。正准备要拜谢老人时，四周却看不见老人踪迹，只看到不远处有一座古墓。脚户跪地而拜后，骑上骡子赶回家中。脚户回家将自己的奇特经历讲给父老乡亲们，他们又联系多年来当地和附近发生的其他怪异事件，认为这是一位“吾里”（阿语，原意为接近真主者，这里指创造奇迹者）在相助。于是村民们追根寻源，查访出古墓原来是“回回坟墓”，因此人们断定内葬者必是一位不知名的“先哲”。于是当时全村回民们将古墓迁到了野鸡沟，建起“拱北”纪念、缅怀，以求当地平安相济。从此，朝拜者接踵而至，直至今日“拱北”内青烟缭绕，祈祷声不绝。现今，仍不时有人前来参拜。传说毕竟是传说，它的真实情况还有待宗教研究者们考察论证。

经过对文献的考证，朱家沟清真寺在80年代之前受到比较大的影响，由于国家一系列的政治改革政策的实行，宗教信仰自由政策失去作用，对朱家沟宗教设施以及当地居民的宗教信仰产生了巨大的影响。其中有三座清真寺在1958年反封建运动及1966年文化大革命期间被拆毁。80年代以后，民族宗教政策得到落实，正当的宗教活动得到恢复。近年来，随着人民生活水平的提高和社会经济的发展，朱家沟的各个清真寺内部都或多或少也进行改建和整修。阳山庄清真寺在2012年中旬重新修建门楼，为教民们参加宗教仪式提供了方便，促进了教坊内部宗教信仰的发展。

（二）朱家沟居民宗教信仰变迁

信仰是人类的一种精神现象，是人们的一种宇宙观、世界观、人生观的综合体系。正如社会心理学家黎鹏所说的："决定人生和历史的真正因子就是信仰。信仰是不可避免的，它永远构成人类精神生活的主要部分。一种信仰也许被人推翻，但继之而起的又是一种新信仰。假如一个民族的信仰发生变迁，必有整个社会生活的巨大变迁随之而起。"①

榆中县回族全部信仰伊斯兰教，也有教派和门宦。20世纪30年代以前，这里的穆斯林大都崇信"尕德忍耶"门宦"文泉堂"，一小部分人信仰"虎夫耶"和"库不忍耶"的"大湾头"等门宦。现在已由原来的少数几个门宦发展为多教派并存。"尕德忍耶"门宦支派较多，朱家沟回族大都诚信"文泉堂"的支派"崖头门宦"的韩振绪老人家及其世袭后代。30年代，由东乡县"果园哈知"马万福创建的"伊合瓦尼"教派（通称新教）传入榆中县后，引起门宦分化，但归信该教派的人数毕竟不多。至今在朱家沟村五百多户人家中只有十几户。现在"伊合瓦尼"教派以阳山庄为主，全社一百户家庭中，基本上是新、老教各占一半，其他各社也有归信了"伊合瓦尼"教派者。尽管教派分化比较大，但都能遵循党的宗教信仰政策，在"求大同，存小异"和"各干各的，互不干涉"的思想指导下，各教派互相尊重、共同发展。

社会政治背景下的朱家沟宗教信仰也经历了艰苦的道路。在朱家沟各个清真寺建立初期，社区居民的宗教信仰比较稳定，到新中国成立以来至改革开放以前，国家一系列的政治改革运动使朱家沟回族社区居民的宗教生活和宗教信仰产生了严重的弱化。改革开放以来，随着宗教政策的落实，经济的发展和生活水平的不断提高，朱家沟村的宗教信仰呈现由弱变

---

① 贺麟：《文化与人生》，商务印书馆1988年版，第91页。

强的趋势，小孩子利用寒暑假去清真寺学习、妇女在农闲时到清真寺听阿訇说教是这种趋势的突出表现。

信仰是人类最深刻最基本的精神活动和精神现象，它决定支配人的人生观、价值观和世界观，从而在根本上影响人的精神生活和社会活动，并由此影响着社会发展和历史进程。结合以上调查资料可以看出，散居回族越来越缺少了真挚的信仰感情、诚恳的信仰态度和规范的信仰行为，但还是保持了原来的信仰理性和信仰对象。对于散杂居地区回族而言，宗教文化不是走向消失，而是正随着社会经济文化和思想观念的发展而逐渐变迁。

八　朱家沟村的文化教育变迁

（一）经堂教育

经堂教育即回族所谓的宗教教育，是回族传统文化教育和信仰传授的重要组成部分。同时，它也是中国回族教育史上影响最深远、延续时间最长的一种宗教教育的形式，至今仍然有其生命力。这种体制在内容上对阿拉伯的宗教教育内容有所取舍，并且增加了符合中国实际的内容。在形式上，它又采取了中国私塾教育的设置，并结合伊斯兰教的经济和宗教制度，建立它自己的教学组织形式。因此，我们可以说，经堂教育是中国伊斯兰教的一种特殊的宗教教育体制。经堂教育是回族社会发展、宗教信仰上出现衰微现象的产物，它的出现、形成和发展，对回族社会有着很大的历史作用。

经堂教育产生的时期，正是回回民族自元末明初形成以后，回族社会不断走向成熟和完善的时期。回族人口大分散、小集中的分布格局已基本定型，经济生活中亦农亦商的特点也日趋明显。伊斯兰教作为这个民族唯一信奉的宗教，从各个方面影响着整个回族社会。语言上，早期回族的先民们来自不同的国度和地区，运用各种母语的社会环境已不复存在，汉语已成为回族人共同使用的语言交际工具。与此同时，回族社会面临的一个重要的问题是人口众多，分布广泛，又受中国传统文化不断地影响的回族，如何才能保持自己的民族特征和宗教信仰，加强宗教教育便成为回族社会摆脱这一困境的有效途径。而回族先民们原有的家庭宗教教育已不适应这种变化了的穆斯林社会。因为此时众多的回族家庭，亦非全由穆斯林组成，非穆斯林民族的成员通过婚姻进入回族社会，而回族家庭的主要成员本身宗教观念也日益浅薄，无力教育下一代。加之明政府极力用儒家文化禁锢回族人的头脑，侵蚀和限制伊斯兰教，更加剧了回族社会的信仰危机。出现了“经文匮乏，学人寥落，既传译之不明，复阐扬之无自”，甚至“虽其先宗教之家，今亦掉臂而叛去”的状况。于是回族社会中的上层人士根据他们所处的地位和所受教育即分为了两部分人，一种是政治上有地位或有希望通过读书入仕的人，他们或者为环境所迫，或者由地位和思想所定，以维护儒家思想为己任对伊斯兰教信条多不遵守，并在公开场合隐瞒自己是穆斯林；另一种是笃信宗教的穆斯林，他们有意无意采取一系列固拒措施，阻止穆斯林接触汉书，接受儒家思想。这种矛盾继续下去，就会从穆斯林内部瓦解伊斯兰教。因此，伊斯兰教要存在下去，就必须找出制止矛盾发展的办法。经堂教育作为解决回族社会信仰危机和矛盾的措施之一，就以民间办学的方式应运而生。而且当时回族经济的稳定发展，也为回族在清真寺内培养宗教接班人和传播者提供了比较稳固的经济基础。所以，经堂教育的出现、发展与回族社会有着必然的联系，是适应回族社会发展中的变化和需要而产生的。

图 3　清真寺孩童在学习

朱家沟回族社区也与此相适应，在发展当代社会人才的基础上培养着宗教的接班人。笔者在调查期间，正值村内民族小学的暑假期间，在清真寺内部聚集了数十个男童学习宗教知识及伊斯兰教经文。在问及一位男孩为什么来清真寺学习时，他回答说："可以学到很多的教门知识"，这也说明了经堂教育在回族群体中有从小就开始培养孩童走向正轨的作用。

穆斯林青年来到清真寺学习，目的在于使自己能够接受伊斯兰知识的洗礼，不愿使自己对宗教一无所知。少数希望将来做阿訇的人，则在阿訇那种特有的威严和教导下，言行谨慎、规矩礼貌、举止得体。他们通过学习，不仅在宗教修养上有所提升，而且懂得了伊斯兰的生活方式，使自己远离无知、愚昧和罪孽，让自己的精神更加圣洁和高尚。另外，经调查得知，在朱家沟村各个清真寺中的阿訇也都是传统的经堂教育方式出身。这足以体现出经堂教育在回族民族教育中发挥着巨大的作用。

近年来，朱家沟村经堂女学教育也逐步地发展起来。开始于 2006 年，主要教授《古兰经》、阿拉伯字母、礼拜念词以及宗教知识等，教授知识的女学老师是来自兰州经学院的一位穆斯林妇女，本村也有一位具有较高宗教知识水平的妇女担任临时教师。由于女性宗教信仰知识的相对浅薄，对于这样的机会大家都很热衷。另外，清真寺也为女学教育提供了大力的支持，每至冬季村中的中老年人也都聚集在清真寺学习。期间，清真寺还举办了榆中县朱家沟清真寺妇女学习班首届《古兰经》诵读比赛。

（二）学校教育

1. 朱家沟回民小学

朱家沟回民小学是榆中县唯一一所纯回民小学（含一个教学点）。校址设在朱家沟行政村，学生主要来源于朱家沟行政村所辖的四个自然村，服务半径达 3.5 公里。经过 70 年的变迁，现已成为一所公办的六年制完全小学。

朱家沟回民学校成立于 1937 年，是由原"甘肃省回教教育促进会"创办，原称"私立朱家沟初级国民学校"，刚成立之时基本属于经堂教育，以学阿语为主，附带学汉语。学校第一任校长兼老师为张杰同志，当时学生有三十余人。朱家沟回民小学成立之初是四年制小学。至 2006 年，学校形成教学班 6 个，在校学生 147 人，教师 8 名，其中，回族教师 2 人，东乡族教师 1 人，汉族教师 5 人。教师中本科 3 人，大专 3 人，高中

2 人，小学高级职称 3 人，小学一级教师 5 人，40 岁以下 3 人，40 岁以上 5 人（野鸡沟教学点有教学班 2 个，在校学生 26 人，教师 2 名，其中中专 1 人，高中 1 人，两人均是小学高级职称，年龄都在 50 岁以上，回族 1 人，汉族 1 人）。

自 1937 年建校以来，在党和政府的关怀下，在人民群众的大力支持下，在教职员工的共同努力下，学校初具规模，管理有序，形成了良好的校风、教风和学风，培养了一支政治业务素质过硬的教师队伍。1941 年由于原校长张杰同志去了安徽，自此，学校时办时停，期间“回族教育促进会”虽然大力支持，但经费没有着落，老师无法维持其生活需要，所以停办过一段时间。解放初期，朱家沟回民小学由人民政府接管，转为公办小学。1993 年由兰州市民族宗教事务局提议，兰州市政府发文决定将朱家沟学校列入当年标准化建设之列。后在各级政府和教育行政部门的关怀和指导下，于 1993 年年底通过了标准化验收，建成了“兰州市标准化小学”（三级三类）。并于 1999 年顺利通过了国家“两基”验收。2002 年有一名教师参加远程教育培训，同年由教育局配备了李嘉诚远程教育设备一套，后有多名教师参加信息技术培训。2005 年年底，学校又通过了升类验收，晋升为三级二类标准化小学。在后来多方共同努力下，三至六年级英语课程于 2007 年 8 月开设。

现今，随着社会经济的发展，在政府政策的照顾下，学校占地面积达到 4800 平方米，生均 30 平方米，建筑面积 800 平方米，生均 5 平方米，校内绿化面积 200 平方米。学校有两层单面教学楼一幢，其中教室 6 间，图书室、教具陈列室、电教室、科技室各 1 间，砖木结构平房 20 间，其中单身宿舍 10 间，音乐室 2 间，教学办公室兼会议室 2 间，保健室 1 间，少先队广播室 1 间，体育器材室 1 间，灶房 1 间，杂物储藏室 2 间。

朱家沟回民小学从成立到现在已经有 70 年的历史了，在这 70 年中，朱家沟回民小学经历了发展、壮大、关闭、重新开办、再发展和再壮大一系列过程，最终还是顽强地发展至今。朱家沟回民小学为朱家沟村培养了很多有用的人才，使朱家沟村民的文化素质得到普遍的提高，为农业生产发展，繁荣民族经济人出了相应的贡献。

2. 朱家沟学校教育的发展

教育是一种以影响人的身心发展为目标的社会活动，在社会学的视野中，教育有五个主要的社会功能，即社会化、社会控制、筛选和分配、对外来人员的同化作用、社会革新与社会变迁。[①] 在朱家沟村，教育发挥主导的功能就是社会革新与社会变迁。

新中国成立以来，在党和各级人民政府的深切关怀下，在省、市、县和民委的大力支持下，在乡、村两级领导和人民群众的努力下，朱家沟民族教育有了长足的发展，1970—1981 年间上级教育和有关部门拨款支持、群众捐物投工对学校进行了翻新修建。1987 年由兰州市教育局、兰州市民族宗教事务局先后拨款 7 万元修建了教学楼，又重新修建了部分校舍。1993 年市民委提议，在市、县、乡三级政府的大力支持下建成了“兰州市标准化”小学。后来村上和学校多方筹资近 3 万元，修整了校舍，不断增添教学设施、改善办学条件。目前，学校有 2002 年李嘉诚配备的远程教育设备一套（其中包括电脑一台、电视机一台、卫星数字接收机一台），还有学校自筹资金购置投影仪 6 台。多年来，市民委、各级人民政府及社会人士都对学校教育教学给予大力支持，其中 1996 年市财政拨款 30000 元用于修建校舍和安装电话，1998 年 10 月乡政府支援 2000 块砖铺设校门和过道，1999 年 5 月村委会筹 5000 元，县教育局补助 2500 元，乡政府拨“两基”专款 1000 元，购课桌凳 50 套；另有兰州“马大胡子餐厅”经理刘建国捐资 2000 元救助 5 名在校学生，如今他们已进入中学学习。今年 9 月 27 日全市少数民族教育工作会上，学校和兰州民族中学及清华小学达成了对口支援的协议，在 10 月份清华小学为学校免费配送一些镜框和牌子，民族中学捐献旧课桌凳 150 套，旧讲桌 14 个。总之，民族教育得到了社会各界的关心和支持，在探索与创新中奋进。

朱家沟回民小学 80% 的学生是留守儿童，而且很多学生的家长都外出务工，留在家里的都是老人和孩子，而且大多数老年人文化程度不高，对孩子的教育不够重视，长此以往便积累了陈旧的教育观念，对孩子的教育抱着可有可无的态度，这也影响了朱家沟回民小学教育质量的提高。近几年来，国家加大了对教育投资的力度，向少数民族地区实行了许多优惠政策，使他们体会到了教育的重要性，开始关心自己孩子的学习。同时，随着教学条件的不断改善，朱家沟回民小学的教育教学质量稳步上升，与其他学校的差距明显缩小。学校学生精神面貌焕发，思想积极向上，学习气氛活跃。2007 年前半年，回民小学学生双科合格率 49.6%，比前一学

① ［美］戴维·波普诺：《社会学》，李强译，中国人民大学出版社 1999 年版，第 419 页。

期增长 3.6 个百分点；语文及格率 56%，比前一学期增长 5 个百分点；数学及格率 60%，比前一学期增长 4 个百分点；各科优秀率均有提高。

教育要发展关键看人的观念的变化。目前，朱家沟村村民的教育观念发生了明显的变化，人们逐渐重视孩子的教育问题。近几年来村中的大学生人数明显增多，说明了人们观念的重大变化。

（三）经堂教育和学校教育的互动发展

在访谈中当我们问到“您认为经堂教育和学校学习是否有差别？如果有，差别表现在哪些方面？”时，所有的受访者都认为两者有很大的区别，主要表现是经堂教育在清真寺内以经典教义设堂授课，教育信众尤其是青少年伦理道德、修身品行以及宗教教义；而学校教育则主要是以传授科学文化知识为主。他们普遍认为学校教育虽然也涉及思想伦理方面的教育，但相比之下，经堂教育对孩子的伦理道德、修身品行作用更大，可以通过宗教使得美好的品行内化于孩子的行动当中，有丰富的科学文化知识和良好的行为品德才是真正有用的人。所以，当地的家长在寒暑假期间不管家里有多忙，都会将孩子送到清真寺接受经堂教育。经堂教育和学校教育的结合是最好的教育方式，两者缺一不可。

九　朱家沟村回汉民族关系变迁

（一）回族与汉族的关系

民族关系研究主要是基于各民族文化的特殊性，表现在交往过程中的接受或抗拒而展开。围巾装扮的回族村落长期处在被汉族包围的空间当中，在不断地社会发展中，朱家沟回族与东乡族和汉族在互动中相互影响，共同存在，形成了经济生产领域的互补传递性。社会政治生活中的结构性融合等密不可分的关系。由于长期相互交往，生活在汉族大环境中的回族与当地的汉族在外表上的差异已经不是太明显，凸显出来的正是各自民族文化上的独特性。在绵延不断地时间长河中，朱家沟的回族与周围的汉族在不断地自我调适和相互适应过程中逐渐整合为一个具有很强地域特征和群体特色的文化体系。因此，朱家沟回族和汉族的关系是一个动态的，经由差异、不适应、适应再到融合的过程。具体来说，本地回族与汉族的关系以年龄段不同而呈现不同的特点。

70 岁以上的老人们由于解放前回族和汉族因土地问题、饮水问题、生活习惯和宗教信仰互不尊重而经常打架等历史原因造成的心理隔阂，加上从小生活环境的影响与周围汉族很少交往，从来没有到汉族人家中去过，也没有老人娶过汉族女性为妻。75 岁的马大爷说："我们和汉民没有共同的宗教信仰也就没有交流的基础，他们不懂我们的道道（有关伊斯兰教方面的东西）；而且回族和汉族都是在同一个地方种庄稼，做一样的事，没有什么可交流啊!"这一代人与汉族"鸡犬相闻，老死不相往来"。

40 到 70 岁之间的朱家沟回族在和汉族交往方面与他们的父辈产生了明显的差别。他们认为今天的社会只和自己民族的人打交道已经不能适应社会的发展，汉族也不是想象中的那么难以接触，虽然没有共同的信仰但他们对穆斯林文化还是很尊重。他们与汉族一起出去打工、给汉族出租自己的土地、到汉族村落去倒换种子、雇用汉族修房子等。不断地交往使回汉之间的了解日益加深，许多回族与汉族成了很好的朋友，并且在汉族过节时还接受他们的邀请一起去过节。平日里没事也会去汉族家里闲聊。对于儿女的婚姻方面，他们也能接受回汉通婚，认为只要汉族随伊斯兰教就行，这样才能使回族更好地发展，伊斯兰文化更好地传承。

40 岁以下回族与汉族交往更加密切。由于他们常常出外打工或上学接受教育，思想观念和老一辈差别很大，对于回汉的交往也有更深层次的认识。他们认为中国是一个多民族的国家，每个民族都有自己的独特的文化，尊重别人的文化就是尊重自己的文化，回族和任何民族都能够和谐相处。在这种观念的引领下，他们中的许多人娶了周边的汉族姑娘，回族姑娘也嫁到了汉族家里，但要求是汉族必须随伊斯兰教，因为这是他们回族的根。但也有人认为回汉通婚会对他们的宗教信仰产生不利影响，因为现在的年轻一代本来教门就不是太好，懂得不多，娶了汉族妻子或嫁到汉族家里就更难保持了。

朱家沟回族与汉族之间文化和心理方面的隔阂在逐渐消失，但因经济问题而产生的矛盾依然存在。20 世纪 90 年代以前互相争夺土地，近几年由于水源减少，上游的汉族村庄常常截断河流使得下游朱家沟饮水困难，还有修路产生的分歧，等等，有待两族人民共同解决。

从总体上看，朱家沟回汉民族关系一直比较和谐、融洽。虽然有个别涉及回汉族群众的突发事件，但仔细分析，其根本原因均不在于回汉民族本身存在什么偏见或矛盾，更多的是由于经济利益因素、互不了解而激发。当然，随着社会经济的发展，国家政策环境的转变，回族村落、汉族文化变迁带来的社会、经济、文化等方面的变化，势必也会促使民族关系的变化。所以，需要我们用一种动态的眼光看待本地的回汉民族关系，为政府和民族宗教部门、文化部门制定政策法规提供依据，能使各民族的文化优势得以挖掘、传播和应用，增强社会主义市场经济培植文化的能力，促进各民族共同繁荣，和谐发展。

（二）民族政策

散杂居少数民族是我国少数民族的重要组成部分。我国政府各部门在《中华人民共和国宪法》中保障各民族一律平等，保障各少数民族的一切合法权利和利益，维护和发展各民族的平等、团结、互助关系。在1984年颁布的《民族区域自治法》、1993年8月颁布的《民族乡行政工作条例》和《城市民族工作条例》政策法规的框架下，各级部门开展散杂居民族工作；并且1992年11月《国家民委关于加强散居杂居地区少数民族教育工作意见》，1993年12月《中共中央组织部、中共中央统战部、国家民委关于进一步做好培养选拔少数民族干部工作的意见》等为补充，作为各部门和各省、市、自治区关于散杂居少数民族权益保障的规定。这些民族政策自实施以来，散杂居民族工作取得了巨大成就：散杂居少数民族的平等权利和各项权益得到了切实保障；散杂居少数民族的风俗习惯、宗教信仰和语言文字得到了普遍的尊重和保障；少数民族经济和文化事业获得了较大的发展。

随着社会经济的发展，散杂居民族工作范畴越来越宽，任务也越来越重，民族地区对散杂居少数民族的影响逐渐增大，散杂居少数民族的权利意识逐渐增强。散杂居少数民族的文化发展和教育更加受到关注，民族关系出现新的特点的时期，怎样更好地满足和维护散杂居少数民族的民族利益，切实保障散杂居少数民族的民族权利，加快促进散杂居少数民族的民族发展，它需要政府更加重视，在立法和政策上加以保障和完善，并保证认真落实。

为了了解我国少数民族政策在当地的执行情况，笔者专门设计了关于“县上、乡上有没有到村里做过相关民族政策的宣传活动？如果有，请谈谈您对宣传行为的看法和您对目前国家民族政策的看法。”的调查调查结果显示，90年代之前朱家沟村的民族政策宣传方式主要是宣传机构来村里召集所有村民在麦场上进行国家法律法规和民族政策的宣讲，同时发放宣传单；90 年代之后宣传机构将有关的政策告诉清真寺的阿訇，由阿訇在主麻日或其他时间进行集体宗教仪式时给村民宣讲。村民认为今天的民族政策宣传相较于以前有所减弱：首先，阿訇虽然在寺里进行宣传，但阿訇作为本民族的宗教人员并没有系统地就相关政策进行过学习，也没有进行过专门的宣传训练，所以不能深刻地认识政策的精神，做不到全面细致的宣传，使村民了解不多；其次，村里的妇女、学生和部分男性并不到寺里做礼拜，阿訇只是在寺里宣传不能涉及村里的所有成员，民族政策的普及率低，基层群众不了解自身可以享受的民族优惠政策；再次，阿訇作为宗教人员宣传国家政策不能引起村民的重视，甚至有抵触情绪，认为阿訇作为宗教人员不应该在寺里宣传国家政策。

在谈到目前国家的民族政策时，村民们一致认为目前的民族政策制定得非常好，民族平等、各民族团结互助、共同发展，真正地保障了他们的权利。散杂居少数民族的法律条例和优惠政策更是对他们的照顾。尤其是宗教信仰自由，不但使他们能够传承祖辈留下的信仰，也使他们能够在今天快速的生活节奏中选择自己精神的寄托，休憩的港湾。

美中不足的是村民为当地民族教育现状的担忧。以前由于经济条件的限制和教育意识的淡薄，人们并不怎么关注当地的学校教育。今天人们的生活好了，教育意识强了，村里的学校教育却没有及时跟上。45 岁的马大叔说："少数民族高考加分政策使娃娃们能够获得更多接受高等教育的机会，但小学基础太差，就是有机会也抓不住啊！"笔者了解到教育问题出现的根源是当地远离市区，交通不便，加上学校基础设施相对薄弱，年轻老师不愿意来，来了也不愿意留下，能走就走，而本地的老师的年龄较大，受到身体和知识层面的限制力不从心，导致本地民族教育不能满足人们的需求，迫切地希望政府帮助他们走出困境。

十　社会文化变迁过程中存在的问题及现代化探析

（一）朱家沟社会文化变迁过程中存在的问题

1. 回族人口老龄化的问题

随着社会经济的不断发展，以及现代科技卫生的进步，朱家沟回族的老龄化问题已经显得越来越突出。在我们进行调查的过程中，几乎都是与老人在交谈，这固然对于我们收集资料有很大的帮助，但是我们看到朱家沟除了村支书相对比较年轻，其他的三位社长都是年过花甲的老人了，有的已经当了三四十年的村干部，这势必会对于当地的建设与发展带来一定的影响。

2. 回族留守老人的赡养问题

随着改革开放的不断深入，因此带来的文化、科技与医学发展，使人的寿命大大提高，我国已进入人口老龄化进程，与人口老龄化现象并存的一个社会问题则是城市化进程加快，独生子女政策带来的家庭在缩小、人口流动的速度加快和人口的长寿，使得养老问题成为当前一个十分重要的社会问题。

（1）基本问题。榆中县现有少数民族 4237 人，占全县总人口的 1%，涉及连搭乡、小康营乡、城关镇、和平镇等 8 个乡镇。连搭乡朱家沟民族村是全县唯一的回族聚居村，全村共辖 4 个行政村 8 个村民小组，总人口 3675 人，农民人均纯收入 3680 元，是典型的劳务输出型村。以朱家沟村为例，全村共有“无生活来源、无劳动能力、无法定抚养人和赡养人”的无依无靠五保对象 20 名，其中，没有独立生活能力，需供养的鳏寡孤独人员有 15 人。全村共有孤儿 5 名。全村劳动力输出人员达 2000 人，占全村总人口的 65% 以上，大部分属打工者，居无定所，没有足够的能力和条件对老人和孩子尽义务。

（2）回族流动儿童的教育问题。在当前社会的发展下，儿童的教育问题是社会的热点，而少数民族的儿童教育问题在朱家沟显得尤为重要。朱家沟虽然有一所回民小学，然而上学的孩子却寥寥无几，学校的教师配备不全，使得一所六年制的小学无法体现其教育意义。由于朱家沟的大量劳务输出使得大多数家长都将孩子带出去，然而，这一流动群体的孩子的教育问题成了家长们头疼的问题。

3. 历史文化遗产的保护与开发问题

一是中共榆中县委。

1937 年 10 月，抗战时期兰州地区第一个农村党小组——榆中县邴家湾党小组和第一个农村党支部——金崖支部成立，年底榆中县城关支部成立，党领导下的抗日运动在榆中轰轰烈烈地展开。为了加强对榆中工作的领导，1938 年年初，甘肃工委报请党中央同意成立中共榆中县委。同年 5

月，张杰被任命为县委书记，金少伯和傅从俭被任命为县委委员，分别负责组织和宣传工作。杨静仁、郑重远、陈成义、金少伯、傅从俭等早期共产党员曾在这里领导过革命工作。甘肃工委领导下的榆中县委为兰州地区抗日民族统一战线的形成作出了重要贡献，尤其对巩固党在榆中的组织，提高党员素质起到了积极作用，在群众中树立了中国共产党为人民群众谋利益的光辉形象。2005 年 4 月，县委将朱家沟回民小学即原榆中县委旧址命名为“榆中县党史教育基地”；2008 年 7 月，县政府又将其公布为县级文物保护单位。榆中县委旧址原有教室 12 间，办公室 2 间。由于年久失修，大门和靠路边的一间房屋于 2008 年 9 月 3 日彻底倒塌，现仅存办公室 2 间，教室 5 间，紧邻朱家沟清真寺的后墙严重塌陷，明显倾斜，虽采取了用支柱顶等措施，但不保险，一旦倒塌，将威胁到做礼拜的回民群众。

榆中县委旧址是爱国主义教育极佳的宣传和推广载体，不仅是榆中县独一无二的珍贵文化遗产，同时也是全市乃至全省的珍贵革命文化遗产。为了充分利用榆中县委旧址这一重要场所，进一步加强对广大群众的革命传统教育，特别是青少年的爱国主义教育，同时确保周边信教回民群众和上学学生的生命安全，恳请市政府投资整修中共榆中县委旧址。

二是杨静仁故居的保护问题。

杨静仁，中国共产党的优秀党员，无产阶级革命家，党和国家统一战线和民族工作卓越的领导人，国务院原副总理，中国人民政治协商会议第五、六、七、八届全国委员会副主席。他以终生的历史证明，他是回族人民根本利益的忠诚代表者，同时，又是中华各民族人民根本利益的忠诚代表者。他是中国共产党培养出来的、少数民族出身的共产主义干部的杰出代表。

榆中县朱家沟村目前保存有杨静仁故居房屋 7 间，位于 1938 年建立的中共榆中县委旧址对面。杨静仁，1918 年出生在这里，在此度过了自己的童年。1938 年至 1941 年从事革命活动期间就居住在这里。新中国成立后，杨静仁将自己的房屋捐给村里，曾被作为村委会办公场所。目前，房屋地基、墙壁多处出现裂缝，随时有塌陷的可能。

为了充分利用榆中县委旧址和杨静仁故居这一重要场所，进一步加强对广大群众的革命传统教育，特别是青少年的爱国主义教育和民族团结教育，我们恳请修建杨静仁故居纪念馆，充分展现杨静仁、张杰等老一辈少数民族革命家的丰功伟绩和光辉形象。

（二）朱家沟村的现代化

人类所创造的文化是没有国界限制的，而每一个民族所创造的文化体系又是独特的，每一种文化的存在都有自己的生命力和特色。因为，文化是人类存在和延续的基础，况且，每个民族的个体都会通过各种方式表现本民族文化，民族文化也在不断地传播和交流。所以，人类的发展离不开文化。文化的产生和发展，在于人类的不断继承和创造。每个人一生的过程，实质上就是文化的继承和发扬的过程，就是从自然的人变成社会的人的过程。在这种变化的过程中会形成新的文化体系，文化体系也在不断地变迁，这种变迁从某种意义上来讲是为了使人类适应自然和社会。

现代文明正在冲击着每一个民族，“地球村”的发展就是不同文化交流的结果。因为不同的民族都有自己的独特文化，在现代高科技、快信息的包围中，各民族都在适应着这个多变的世界，特别是相对落后民族的文化正在经历着文化冲击，这种冲击会给每个民族带来严峻的考验。朱家沟回族正是在这样的一个大的社会文化背景之下发展起来的。

一个民族的生活方式固然与物质条件有关，但往往还离不开自己传统思想文化的影响，即思想情感与价值观念等社会文化意识的影响。一定的民族风俗习惯、思维方式、宗教信仰不但影响人的社会活动，同时也影响到人的价值观念。社会经济文化以及人们行为方式的伦理道德规范从宗教化可见，价值观念的确走向世俗化、合理化的过程，会影响文化适应的发展过程。

朱家沟回族在其形成的过程中，就不断地在社会和自然的变迁中寻找适应生存的契机，特别是受现代信息文化和伊斯兰文化的影响，他们从农耕走向经商，不断取得辉煌成就，在这一过程中，他们也不断地调整民族文化，使之在不断适应中寻求发展。另外，生活在甘肃兰州朱家沟的回族不可能脱离中国的大环境而独自追求现代化。在中国的现代化建设中，传统文化既是维护国家、社会、民族团结的重要社会机制，又是每个民族崛起、取之不尽的一种资源。现代化是一个漫长的社会文化变迁过程。有的学者提出“现代化必须遵循三个层面的变化，即器物技能层、制度层、思想行为层。”我们认为，现代化必须实现政治、经济、文化三个方面的转变，才能推进整个民族乃至社会的现代化，实现传统社会向现代社会的转变。这种现代化又分自发自觉的主观追求现代化和输入式的被动现代化。对于朱家沟回族来说，应该将自觉追求现代化和国家输入现代化结合起来，才能有望实现民族的现代化。“只有把外来的现代性因素和少数民族固有的传统文化结合起来，实现民族社会与文化的转型，才能真正培育少数民族地区现代化的内生力。”

十一　总结

传统与现代性是现代化过程中的两个连续的部分。现代化对于当今人类社会是一种历史的必然，也是一种不可抗拒的历史选择，一切民族都将不可避免地走向现代化。但是，实现现代化的方式是可以选择的，不同民族都将依照自身的文化传统和文化模式选择现代化或塑造现代化。文化变迁是现代化的重要表现形式之一。中国的现代化，特别是改革开放 30 年的现代化，我国的社会结构、社会关系及人们的生活方式都发生了急剧的变化，回族社区文化也发生了历史性的转型。

1. 经济结构、文化观念是回族社区文化变迁的内在动因

经济基础作为上层建筑存在和变化的现实基点，在社区发展中扮演着重要的角色，影响着整个社区的发展运行。文化作为社会基本形态的综合反映，具有相对稳定的自组织系统，在没有外来文化影响和外来文化融汇的情况下，特定社会或特定民族的基本文化价值体系会保持相对稳定状态，但文化的自组织系统也会随着社会的发展在自身矛盾运动的推动下不断实现自我完善、自我更新、自我超越。由于主导社会文化反映形式往往落后于社会发展，而特定民族或特定社会却会从自身内部产生出质疑、怀疑、批判原有文化模式的新文化因素，并与原有的自在的和自发的文化模式发生冲突，而引发文化的变迁。

2. 市场经济导致外缘性文化注入是回族社区文化变迁的根本动因

改革开放以后，我国社会主义市场经济体制的建立和完善，不仅抛弃了历史上形成的农耕文化传统，对中华民族的传统文化理念进行扬弃，而且抛弃了计划经济体制下形成的封闭和僵化的文化理念，对计划经济的文化理念进行超越，从根本上改变了人们的思想观念、思维方式和生活方式，通过吸收外来文化的先进成分，建立起一套与社

会主义市场经济相一致的文化体系。从封闭的、以自然主义和经验主义为基础的文化样式向开放的以市场经济为基础的现代文化的转变，无论是从思想文化观念的更新还是从社会生活方式的变迁，都是与文化传统的一种隔离。

3. 城市吸引力是回族社区文化变迁的诱因

计划经济体制下的城乡二元户籍制度、社会保障制度、就业和分配制度，使我国的城市和回族社区在政治、经济、文化以及社会生活的各个领域都出现了重大差别，进入城市获得市民身份成为众多农民可望而不可即的目标。城市对农民产生了巨大的吸引力，城市居民有众多增加收入，改善生活条件的机会，相比之下农民的收入增幅非常缓慢，成为农民不断效仿城市的最主要诱因。

4. 信息社会的到来加快了回族社区文化变迁的脚步

当今社会知识经济在社会发展中起着越来越重要的作用，科学技术的发展使信息化成为世界性潮流。随着工业信息化的发展，农业产业结构也在不断调整，传统农业地位日益受到知识经济的挑战。现代农业已不是简单手工劳作的低效率农业生产，现代化的农业技术，特别是信息技术是农民转变经营方式，准确掌握市场信息的必备素质。如今，信息已渗透到人类生产和生活的一切方面，成为一种最重要的资源和财富，知识信息时代的到来必然从根本上改变农民沿袭了几千年的生活习惯和思维方式。现代农民只有不断学习和接受他们未曾接触过的新的思想观念、新的生活经验、新的科学技术及新的行为方式，才能在知识信息时代得以生存和发展。回族社区文化的变迁为我国的少数民族文化建设提供了难得的机遇，有利于政府从宏观政策考虑，适应回族社区文化变迁的速率，运用现代化的技术手段和现代文明意识来武装农村和农民，推进城乡一体化进程。但文化变迁中的矛盾和冲突也为回族社区文化建设提出了严峻的挑战，许多回族社区的文化建设没有跟上社会变迁的脚步，造成回族社区文化建设的贫困和障碍。

附录：访谈稿

兰州市朱家沟村社会文化变迁研究

编号：□□□　　受访人姓名：________

访谈人员：________________　　记录人员：________________

访谈日期：________________　　访谈地点：________________

开始时间：______时______分　　结束时间：______时______分

历时：______

基本信息

1. 性别：A. 男　　B. 女

2. 年龄：________

3. 民族：A. 回族　　B. 东乡族　　C. 汉族

4. 所属单位：A. 一社　　B. 二社　　C. 三社　　D. 四社

5. 政治面貌：A. 党员　　B. 团员　　C. 群众

6. 文化水平：A. 文盲/半文盲　　B. 小学　　C. 初中

　　D. 高中（中专、技校）　　E. 大专（高职）

　　F. 本科及本科以上

7. 家庭人口数：________

8. 职业及工作单位：________

经济生活部分

1. 您家几人有地________；总共多少亩________

2. 您家90年代以前种植的农作物有________；近年来（五年内）种植的农作物有________；以前有没有出售的________；现在有没有出售的________

3. 您家90年代前的耕作方式是（机器或牲畜耕作）________；近年来的耕作方式是________

4. 您家是怎么获得第二年要种植的农作物种子的________；现在是怎么获得新的品种________（自留、购买、和其他人家交换等）

5. 县里、乡上、村上是否派遣过相关技术人员来社里做关于农业技术的宣传指导________；如果有，什么时候________；包括哪些方面________（种植、养殖等）；通过什么方式________________（直接到地里、入户、宣传单、讲座等）

6. 您家是否用过大棚种植或者薄膜种植等技术________；如果有，什么时候开始用的________；通常用这种方式来种植什么作物________

7. 您家今年是否有外出务工（包括经商）的________，是哪些人________。如果有，他/他们是哪一年开始外出的________；去的哪里__________；做什么________

8. 您家每年固定收入为________；外出务工收入为________；务农收入（包括副业、养殖业等）为________；低保收入____养老金______________各项收入比例为________

9. 除了全家口粮外，其他都有哪些方面的支出________，这些支出每年大约多少元________。其中人际往来送礼多少________，子女上学花费多少________，宗教活动花费多少________，医疗卫生花费多少____________，其他（具体）方面花费多少________。以前有哪些支出________以前的学费________，以前的礼金________，公粮________

10. 您家人以前平时外出到乡里用什么交通工具________，到县上用________，到市里用________；现在到乡里用________，到县上用____________，到市里用________，如有改变，新的交通工具什么时候购买的________

11. 你家都有以下哪些生活用品

项目	有（数量）	没有	何时购买的
电视机/卫星接收器			
收音机			
组合音响 DVD/VCD			
手机/电话			
洗衣机			
电冰箱			
电风扇			

项目	有（数量）	没有	何时购买的
电饭锅			
电磁炉			
取暖工具			
太阳能产品			
电脑			
其他_______			

12. 提问记录个案（可以为家庭）一天的生活（包括时间、活动内容、参加人等）

____

13. 观察村落格局：每家房子的建筑结构以前________；现在____________（照相），何时修建的________；多少间________；画出房屋结构图；画出村落格局图

社会结构部分

1. 统计该村的民族结构（包括民族性别、民族比例、民族人口数量等）

2. 统计该村的行政结构（包括该村的村委会人员组成、比例、阶层结构等）

3. 记录个案（行政人员、宗教人员、教师）

4. 该村都由哪些姓氏组成________；有哪些大的家族________

婚姻与家庭部分

1. 您的婚姻状况________（已婚、未婚、离异、丧偶）

2. 结婚时的年龄是________；您配偶结婚的年龄是________

3. 如果未婚，您希望的结婚年龄是________

4. 您在择偶时首先会考虑的因素是________（民族、宗教信仰、经济条件、人品、相貌）

5. 您是否能接受族际通婚________；接受的理由是______________；不接受的理由是________________

6. 您对您的子女在婚姻上有什么要求________________（本民族、

其他民族，穆斯林、其他）

7. 请谈谈您结婚时都经历了哪些仪式________________

现在的仪式________________

8. 您婚后的居住方式是________________

子女的婚后居住方式________________

9. 在婚礼过程中，您认为哪种仪式最重要________________（领结婚证、宴请亲友、宗教仪式）

10. 如果有出嫁的女儿，哪一年出嫁的____________；嫁到什么地方____________；

11. 您家有几个男孩，他们怎么分家，以后怎么分财产（房屋、土地等）

____

教育部分

1. 观察经堂教育的人数、相关设施、培养内容和具体培养方法________________________________

2. 学校教育的学生人数、教师人数、年级构成、相关设施和课程内容____________________________

3. 请问你们村里外出打工的人员，他们的孩子在什么地方上学________________________________

4. 您是否在清真寺学习过________；如果有，学到哪些重要的知识________；您的孩子是否去清真寺学习过________；您的孙子是怎么学习到宗教方面知识的____________________________

5. 您认为在清真寺学习和学校学习是否有差别________；如果有，差别表现在______________________

6. 您希望您的孩子接受什么程度的教育________（本科以上、大专、中专和职高、高中、初中、小学）

7. 您认为孩子接受学校教育是否会减弱本民族的传统文化________；如果会，主要表现在哪些方面____________________________

8. 您是通过什么方式传授孩子关于本民族的各方面知识的________

9. 您认为怎样才能让年轻人了解和巩固本民族的传统文化知识________________________________

10. 总的来说，您认为哪种教育的作用最大（经堂教育、学校教育、家庭教育）________；理由是____

风俗习惯部分

1. 观察记录待人接客的方式和相关礼仪________________

2. 您以前穿什么衣服________；现在穿什么衣服________；穿的衣服都有什么讲究____

3. 孩子在成长过程中都需要给他过哪些节日（出生礼、命名礼、割礼等）________；这些节日是怎么过的________________________；是否给孩子过生日________；为什么________________________________

4. 过去的婚礼是怎么举办的________________________________

现在的婚礼是怎么举办的________________________________

以前婚礼的饮食____

现在婚礼饮食____

饮食方面都有哪些讲究________________________________

5. 现在的葬礼是怎么举办的____________________________；与以前相比有没有不同________；理由________________________________

6. 一年中需要过什么节日（开斋节、古尔邦节、圣纪节以及当地特有的节日）　　　　；这些节日都是怎么过的　　　　________

7. 家庭成员之间是如何称呼的（小辈对长辈、长辈对小辈）________；血亲之间是如何称呼的________；姻亲之间是如何称呼的________邻居之间是如何称呼的________；陌生人之间是如何称呼的________

8. 如果和村里人发生纠纷（土地、经济、发生口角等）通常是如何解决的________；村里有没有通过法律的方式解决纠纷的________

9. 您是否知道村里有明文规定的乡约村规________；如果有，重点是关于哪方面的________

宗教生活部分

1. 记录当地伊斯兰信仰状况（信仰、教派）________

2. 观察记录相关的宗教建筑________

3. 请问您家在什么情况下会举行宗教仪式（祭日、盖房子、封斋前或开斋后）________

4. 请问您知道村里都有哪些教派________；请问您是属于哪个教派的____；和其他教派有何不同________

5. 您认为本村伊斯兰教相关方面的变化（念、礼、斋）____

民族关系部分

1. 您是否去过非穆斯林家里________；如果去过，是在怎样的情况下去的________

2. 请问您有没有关系比较好的非穆斯林朋友________；如果有，你们是怎样成为朋友的________

3. 在平时的生活中，您和本民族的人交往多还是和其他民族的交往多________；原因是____________________________

4. 您在和其他民族的人交往的时候都侧重于哪些方面的交往______________________________________

5. 您有没有听说过回、汉、东乡族发生矛盾或纠纷的事件________；如果有，是什么原因引起的________________________________

6. 您对本村其他民族的情况了解多少，具体表现在______________________________

7. 县上、乡上、村上有没有做过相关民族政策的宣传活动________；谈谈您对这种宣传行为的看法________________________

8. 请谈谈您对目前国家关于民族方面政策的看法________；需要哪些方面的调整________________________

参考文献

（一）专著类

[1] 虎有泽：《张家川回族的社会变迁研究》，民族出版社2005年版。

[2] 孙振玉：《回族经济社会文化研究》，兰州大学出版社2004年版。

[3] 马宗保：《多元一体格局中的回汉民族》，宁夏人民出版社2002年版。

[4] 根旺：《民主改革与四川藏族地区社会文化变迁研究》，民族出版社2008年版。

[5] 刘芳：《枧槽高山苗——川滇黔交界处民族散杂区社会文化变迁个案

研究》，中央民族大学出版社 2006 年版。

[6] 李臣玲、贾伟：《多维民族文化边界地带民族社会文化变迁研究——以丹噶尔藏人为视角》，民族出版社 2010 年版。

[7] 包路芳：《社会变迁与文化调适——游牧鄂温克社会调查研究》，中央民族大学出版社 2006 年版。

[8] 彭多意、崔江红等：《变迁中的彝族社区——以可邑村为例》，民族出版社 2007 年版。

[9] 阿拉腾：《文化的变迁——一个嘎查的故事》，民族出版社 2006 年版。

[10] 徐平：《文化的适应和变迁》，上海人民出版社 2006 年版。

[11] 马戎、潘乃谷、周星主编：《中国民族社区发展研究》，北京大学出版社 2001 年版。

[12] 胡云生：《传承与认同——河南回族历史变迁研究》，宁夏人民出版社 2007 年版。

[13] 潘守永：《当代社会文化变迁与当代民族关系——东北、内蒙古地区研究报告》，中央民族大学出版社 2009 年版。

[14] 王景新、廖星成：《溪口古村落经济社会变迁研究》，中国社会科学出版社 2010 年版。

[15] 贡保草：《拉卜楞“塔哇”的社会文化变迁》，民族出版社 2009 年版。

[16] 徐琦、[美] 莱瑞·赖恩、[美] 邓福贞：《社区社会学》，中国社会出版社 2004 年版。

[17] 周大鸣：《中国田野大调查》，社会科学文献出版社 2009 年版。

（二）论文类

1. 期刊论文

[1] 王建斌：《青海地区托茂人的社会变迁研究》，《青海民族研究》2006 年第 1 期。

[2] 马伟华：《青海卡利岗人族群认同及其变迁的考察——以化隆县德恒乡德一村为例》，《青海社会科学》2010 年第 2 期。

[3] 王建斌：《新疆博湖托茂人的社会变迁》，《北方民族大学学报》2009 年第 5 期。

[4] 蒋贞慧：《族际交往中的陕西西口镇回族文化变迁》，《商洛学院学

报》2011 年第 3 期。
[5] 马惠兰、马瑞平:《郊区城市化进程中回族文化的变迁与适应——以宁夏银川市为例》,《北方民族大学学报》2009 年第 1 期。
[6] 蔡红燕、赵兴国:《民族地区少数民族传统文化变迁及其地理驱动力分析——基于施甸县两个典型布朗村落的调查与思考》,《保山学院学报》2011 年第 1 期。
[7] 明跃玲:《民族文化多样性与和谐社会构建——以瓦乡文化变迁为例》,《黑龙江民族丛刊》2007 年第 2 期。
[8] 郑威:《人类学文化变迁之文化涵化——以广西贺州客家族群的文化变迁为例》,《广西社会科学》2006 年第 7 期。
[9] 李元元:《少数民族传统文化变迁过程分析——以甘肃省肃北蒙古自治县蒙古族牧民定点为例》,《内蒙古社会科学》2011 年第 5 期。
[10] 赵建伟、康就升:《少数民族习俗文化变迁的影响因素探析——以罗定市加益镇合口民族村为例》,《前沿》2011 年第 4 期。
[11] 马龙:《试论撒拉族村落的文化变迁——以初麻村为例》,《西安社会科学》2010 年第 2 期。
[12] 贾伟、李臣玲:《新疆撒拉族历史迁徙与文化变迁研究》,《新疆师范大学学报》(哲学社会科学版)2010 年第 4 期。
[13] 张硕勋、王洲塔:《现代化转型过程中青海藏族婚姻家庭文化的变迁与调试——以青海玉树藏族自治州上拉秀村为例》,《甘肃联合大学学报》(社会科学版)2010 年第 5 期。
[14] 王延明:《现代冲击下的西北地区传统文化变迁》,《西北师范大学学报》(社会科学版)2010 年第 1 期。
[15] 买买提祖农·阿不都克力木、艾买提江·阿布力米提:《现代化背景下罗布人社会文化变迁——尉犁县塔里木乡个案研究》,《新疆大学学报》(哲学·人文社会科学版),2010 年第 2 期。
[16] 文化:《卫拉特蒙古人的迁徙及其社会文化变迁》,《西北民族研究》2008 年第 1 期。
[17] 王国胜:《现代化过程中的乡村文化变迁探微》,《理论探索》2006 年第 5 期。

2. 学位论文

[1] 兰国平:《改革开放以来的畲族乡村社区变迁研究——以福建省福安

市坂中乡为个案》，西北民族大学 2009 年。
［2］马勇：《宁夏回汉民族关系研究——以石嘴山市惠农区为例》，中央民族大学 2006 年。
［3］杨德亮：《走在蒙回的边缘——野牛村“托茂家”田野民俗志调查与研究》，西北民族大学 2006 年。
［4］裴圣愚：《散杂居回族发展问题研究——以湖北省襄樊市为例》，西北民族大学 2009 年。
［5］郝文渊：《藏族牧业社区变迁研究——以甘肃肃南县芭蕉湾村为例》，西北师范大学 2009 年。
［6］张晓武：《河西地区回族社区变迁研究》，西北民族大学 2007 年。
［7］李积庆：《族群互动与文化变迁》，福建师范大学 2007 年。
［8］连玉銮：《现代化进程中白马藏族的社会文化变迁研究》，四川大学 2005 年。
［9］周军：《中国现代化进程中乡村文化的变迁及其建构问题研究》，吉林大学 2010 年。

（三）史料类

［1］榆中县志编纂编委会：《榆中县志》，甘肃人民出版社 2001 年版。
［2］政协榆中县委员会：《榆中纪事·榆中文史资料选辑 1》。
［3］政协榆中县委员会：《榆中纪事·榆中文史资料选辑 2》。
［4］中国人民政治协商会议甘肃委员会文史资料研究委员会编：《甘肃文史资料选辑》第 1 辑，甘肃人民出版社 1963 年版。
［5］中国人民政治协商会议甘肃委员会文史资料研究委员会编：《甘肃文史资料选辑》第 7 辑，甘肃人民出版社 1980 年版。
［6］中国人民政治协商会议甘肃委员会文史资料研究委员会编：《甘肃文史资料选辑》第 18 辑，甘肃人民出版社 1984 年版。
［7］中国人民政治协商会议甘肃委员会文史资料研究委员会编：《甘肃文史资料选辑》第 20 辑，甘肃人民出版社 1985 年版。
［8］甘肃省兰州市榆中县人口普查办公室编：《甘肃榆中县第三次人口普查手工汇总资料汇编》，1982 年。
［9］甘肃省兰州市榆中县人口普查办公室编：《兰州市榆中县 2000 年第五次全国人口普查资料》，2002 年。
［10］中共榆中县委党史办公室编：《榆中解放五十年》，甘肃人民出版社

1999 年版。

[11] 中共榆中县委党史办公室编：《历史足迹——社会主义时期榆中县党史资料选辑》，甘肃文化出版社 1998 年版。

[12] 中共榆中县委党史办公室编：《中国共产党榆中历史简编》，甘肃人民出版社 2001 年版。

[13] 中共甘肃省委党史资料征集研究委员会编：《中共甘肃历史丰碑录》，甘肃人民出版社 1991 年版。

[14] 榆中县地名领导小组办公室编：《甘肃省榆中县地名资料汇编》，1983 年 10 月。

[15] 甘肃省文史研究馆编：《陇史掇遗》，上海书店出版社 1993 年版。

[16] 张文玲：《榆中史话》，甘肃文化出版社 2004 年版。

[17] 马正亮：《甘肃少数民族人口》，甘肃科学技术出版社 2004 年版。

[18] 王会绍、申俊昌、田企川：《甘肃新县志便览》，甘肃人民出版社 1991 年版。

苗族水鼓舞文化研究

——以剑河县大稿午村为例

杨文东

摘　要：贵州省剑河县是苗族聚居的一个地级县城。在当地，苗族的文化各具特色。大稿午村的水鼓舞文化是苗族自创独具特色的、原始的、保存较好的原生态民族文化。笔者在原生态文化背景下，以人类学为研究视角和切入点，对苗族水鼓舞文化内涵及象征意义进行解读和探究，旨在唤醒民族记忆，进而文化自觉，保护和传承原生态水鼓舞文化。

关键词：水鼓舞文化；文化内涵；民族记忆；文化自觉

一　引言

（一）研究背景

随着我国社会的不断发展，许多民族文化面临着巨大的挑战。由于没有及时采取相应的保护措施，一些优秀的民族文化濒临消亡，甚至已经消亡。这是文化研究者所不愿意看到的局面或事实。作为文化研究者，应当积极研究，为避免民族文化消亡出谋划策。因为民族文化是该民族的文化力量和源泉，它承载了本民族一代又一代人的智慧和结晶。同时，民族文化也揭示本民族的历史起源，见证了本民族的发展历程。

苗族原生态水鼓舞文化也难以避免或是逃脱这样的命运。新县城的搬迁和扩建使得大稿午村成为了城中村及边缘穷村，同时当地社区生产生活物质条件的改善、当地居民思想观念的转变、保护意识趋于淡薄以及大量人员季节性迁出等问题使苗族水鼓舞文化面临巨大的威胁和挑战。

借着国家启动“非物质文化遗产保护项目”为契机，对同样受到现代社会文化冲击和影响的原生态水鼓舞文化进行研究，理解水鼓舞文化，解读本民族的文化内涵，为唤醒文化自觉出谋划策，以便能使水鼓舞文化得到更好的保护和传承。

（二）问题提出

为什么要研究这个课题？直接回答这个问题，似乎有些困难。只能说是一种文化自觉，一种作为本民族的一员对本民族即将消失的民族文化进行保护的一种迫切感和责任感。

两年前，笔者曾有幸目睹当地居民在该村举行这样的仪式，震撼于整个仪式期间的神秘的“起鼓”仪式——村民戴着斗笠在水中跳舞。同时，这一行为也使当时的笔者很是困惑，忍不住地在想：村民为什么要举行这个仪式？他们为什么要这样跳舞？为什么必须在水里举行这个仪式，而且戴着斗笠？村民举行这个仪式到底想表达什么？有什么文化内涵或是意义？因为该仪式文化存在于笔者家乡，因此笔者觉得有必要去理解本民族及本土文化，而且也试图通过对该课题的调查研究，弄清水鼓舞的文化内涵和意义。

（三）研究现状

目前，在国内学术界中，对于剑河县大稿午村的水鼓舞文化研究的成果并不多。国内学者对水鼓舞文化的研究，主要以民间舞蹈艺术、体育为视角和切入点来阐释该文化及其内涵。能够运用民族学或者是人类学相关方面的知识对水鼓舞文化进行解读的也很少。国外也许有对该文化的研究，但限于笔者目前的视野及知识水平，还没有读到相关的书籍或期刊文章。

之前，许多新闻工作者和地方学者从不同的视角和切入点对该仪式文化的来源、发展脉络、内涵及功能也进行了报道、描述和解读。如[illegible]伟生的《寻远古遗风　展盛世辉煌》来看黔东南原生态民族文化的辉煌发展；杨村、孙亚光、吴一文及杨茂等人的《水鼓舞节》、《剑河水鼓舞调查报告》、《追寻农耕文明的“舞步”》、《水鼓舞》等文章从原生态文化的角度对水鼓舞文化进行描述和解读；屈植斌、于海浩的《黔东南剑河县苗族水鼓舞考察》从民族民间舞蹈与传统体育的角度来对该文化进行解读；李景繁、向其英的《黔东南剑河县大稿午村苗族原生态水鼓舞探考》则从农耕文化背景下，以民间体育为视角和切入点，对大稿午村水鼓舞的起源、原初形态和文化内涵进行了探考，以期更好地把握水鼓舞历史演进过程，进而促进苗族水鼓舞的保护和发展等。

前人运用的切入点、研究方法和最终得出的成果为后继者再去调查该文化提供了理论指导。但由于受到专业及各种认识因素的制约，对该文化的研究仍然存在切入点及视角的偏差，所作出的文化解读缺乏引入全社会生活领域的宏观高度。

二 大稿午村及独创的水鼓舞

（一）大稿午村概况和历史及族源

在云贵高原苗岭中东部山麓，有一座名叫“剑河”的小县城。在县城西侧两公里处，这里四面环山，一个狭窄的峡谷盆地由西南向东北延伸。清水江从上游一路奔来，流经陡崖峭壁，唯独流到这里是块宽阔的峡谷盆地。因为有山，有水，有百亩田地，在这个峡谷盆地里默默地坐落着

图1 大稿午村

一个苗族村寨，这个村寨已经有500多年的历史。一条不知源头的清澈小溪，从远处飘来，绕过村头，穿梭在百亩稻田之中，而后向清水江流去。弯曲的320国道柏油路从村里穿过。这就是笔者的调查地：贵州省剑河县革东镇的一个苗族村寨——大稿午村。

大稿午村位于剑河县革东镇，是革东一带10多个苗族聚居区中的一个村寨。全村共有85户，340多人，苗族人口为100%。全村人均是吴姓，吴姓中又分为波、引、敖三支家族。他们同属一个鼓社，一个大酒场。大稿午村占地面积为10.26平方公里，其中耕地面积500余亩，水田300多亩，旱地190亩，森林覆盖率为56%。村民们的传统生计方式以水稻种植为主。经济作物主要有辣椒、油菜、玉米等。近年来，大稿午村的养殖业、旅游业等副业发展迅速。

因为这里有河溪，有平地，有苗族先民的辛勤与智慧，积淀了具有500多年历史的水鼓舞文化。在这500多年里，它有过悲伤，有过欢乐，有过衰落，有过辉煌。

大稿午是革东苗族村寨中定居较早的村落。据当地人叙述，在明朝万历年间，苗族先民就已经迁移到此定居，一代一代繁衍，形成今天的稿午村。在苗语中，“稿午”为苗语“Gud”的音译，大稿午则称为“Khat Gud”。Gud（恭）是苗族支系名，它是黔东南苗族中一个比较大的支系，现今主要分布在剑河、台江、凯里、黄平、丹寨、麻江、施秉、三穗等地。

根据现有资料考证，“恭”分为6大宗支。第一支居凯里市舟溪一带；第二支居台江县东扛；第三支在台江县翁酱；第四支在台江县展佑上寨；第五支迁剑河县太拥柳开；第六支原居剑河县城公鹅，后分3小支分别迁入黄平县谷陇、台江县施洞、塘龙、剑河县岑松苗寨。其中苗寨支，后分迁入台江县大稿午，再从大稿午分出5支，居住在台江县猫猫寨、剑河县高标、三穗县巴冶、台江县南市塘、剑河县白道上寨等。[①]

“恭”支系多为吴姓。据台江、剑河等地的《吴氏家谱》记载，吴姓祖先可追溯至先秦时的吴太伯。同时，苗族学者杨村、吴一文等在考察《史记·吴太伯世家》、《汉书·地理志》时均发现这样的记载：“太伯本

① 孙亚光：《剑河稿午水鼓舞》，《苗家》2010年第3期。

周太王子，因内部斗争，太伯之奔荆蛮，自号句吴"，"太伯奔荆蛮，号勾吴"。他们认为这里的"勾"通"句"，音与苗语"Gud"相通。正如近代著名历史学家卫聚贤所指出：勾吴不是周人的一支而是属于苗族。因此，在学者们看来，大稿午这一支吴氏苗族支系，其来源可能与古时的勾吴有关。

根据当地人的描述，相传大稿午一带过去到处都是大森林，大稿午村的先民们原来居住在今天岑松镇苗寨村，后来才迁至革东镇大稿午村。以前居住在苗寨村的苗族先民每逢集日，要徒步两天才能到东部重镇定安县（三穗县）赶集，极为不便，而且沿途盗贼猖獗。先祖为了解决这样的困难，打猎来到今天的稿午村，发现此地水源充足，土地肥沃，地势开阔，回去便决定说服族人迁居到此。一天，坐落在稿午下游的元江寨（Khat Dlib）有人到河边挑水，看见有菜叶从上面漂来，推断上面一定有人居住，于是溯河来寻找，遇到稿午村的人。双方为了确认谁最先到那一带居住，约定第二天早上去看各自家里鸡圈的鸡屎层，谁家的厚谁就先来。晚上，稿午的祖公便扫了许多柴灰放到鸡圈里，第二天即被确认为是先来者。双方决定分割土地，大稿午村祖公说自己先来应该多得，但如何多得呢？他就拿了鼓到寨边去敲，声音传到的地方即为"恭"所有。[①] 所以大稿午村的土地在那一带是最多的，成为"龙头寨"。而且最重要的节庆或是从事农业时节都得先由稿午村开始，其他寨子见到了才随之播种或收割。

早在清朝初年汉文古籍中就有了关于稿午的记载。如《贵州通志》中说，乾隆二年，即 1737 年，"祁文魁剿吴家寨"。这里说的吴家寨就是指稿午。现在村里尚有古道、古井、古龙潭、古枫等历史文化遗址、遗迹或遗物。

（二）水鼓舞的来源与传说

水鼓舞文化是大稿午村独有且最独特的非物质文化遗传文化。其苗名称"zuk niel ed"。"zuk neil"有踩鼓之意，"ed"有小河溪，水流的意

---

① 有些学者认为是铜锣，有的说是地炮，但到底是哪一种，现已无法考证。但根据苗族的"鼓社"制度，每个苗族支系必须有一个鼓。以及在苗族人的宇宙观里，"鼓"被视为苗族的象征，"鼓"被视为重器，祖先灵魂所在地，用于传递信息等。按此推断，一声定村寨疆界的应该是鼓。

思。总的来说，就是“在水中踩鼓跳舞”。[①]

水鼓舞每年举行一次，传统的水鼓舞中还伴随着芦笙舞。现代，随着社会的发展，水鼓舞文化受到冲击和影响。在当地，已经很难找到芦笙的能手。水鼓舞随着稿午村落一起，相传至今已有500余年。

水鼓舞是怎么来的？在当地人看来，它的来历是有着这样的传说：据说某年久旱不雨，有位叫告翌仲老祖公在今天起鼓的地方寻水挖井，不慎被倒塌的泥土掩埋。夜间，他便托梦给子女说，这个地方很好，就让他在此长眠。在第二天，也就是农历六月第一个卯日后的第一个丑日，子女们便带上香纸前去坟上祭奠，随后便普降甘露，人们欣喜若狂，情不自禁地跳了唱了起来。每逢干旱，村民就用往年的办法，于是相沿成俗至今。也就是说，水鼓舞是在祈求上天降雨之后在水中狂欢跳舞而形成。

在学术界里，还有一种说法：某年大旱，河水断流，唯独大稿午村前即今天起鼓的地方有一口永不枯竭的水潭，小孩们便到那里拊水嬉戏。在欢笑中，见溪潭中两龙相斗，顿降大雨，方解燃眉之急，此后便成风俗。

笔者通过采访当地老者，比较赞同关于水鼓舞来源的第一种说法。在笔者看来，第一种说法与当地居民的自然生活状况、神话及流传下来的传统口头原始生态风貌文化有着密切的联系，是比较吻合的。尽管第二种说法，在相当程度上有一定的合理性，“龙”也就象征着雨水。但是，根据当地当时的自然环境和气候来看，该说法的产生缺乏根据且没有明确的出处，学者中流传也可能有变动。

根据当地流传的说法：相传某年因久旱不雨，田里干旱崩裂，村子里没有水喝，连河溪都干枯了。没有水，人们就无法生存。有一天，村子里有位叫告翌仲的老祖公就去找水，来到溪边上他便在那里一直挖，挖得很深，堆起来的沙土太高，不慎被塌落的沙土掩埋。老祖公到了晚上也没有回家，家人一直在找，并且呼唤全村人帮忙，还是找不到。夜间三更，老人便托梦给子女说：“我在什么什么个地方，这个地方好啊，是皇帝的土地，就让我长眠这里吧。我下海求龙，上天求雷公，以后你们有什么困难就来告知我，我会帮你们的。”早上醒来的子女们都说做了同样的梦，觉得这个梦很奇怪，就告知全村人，一同去祭奠老人。这一天，恰逢是农历六月第一个卯日后的第一个丑日，其子女和村里的人们便挑鼓，带上香烛

① 杨茂：《水·鼓·舞》，《苗家》2011年第1期。

纸钱等祭祀品前去拜祭。刹那间，天上乌云密布，天降大雨，积水成溪。人们禁不住狂欢便在溪里击鼓跳舞，欢呼着打水仗，泥巴仗，以这种方式来庆祝上天降下的这场雨水。此后几年，又有天灾，人们想起了老人的托梦。便一同前去拜祭，情形跟第一次一样，顿时天降大雨，救了人们。在以后的日子里，每逢遇到久旱不雨等天灾，附近村子的人们便约定在农历六月第一个卯日后的第一个丑日上午，来河溪边举行“起鼓”仪式。这种神奇的现象，后来不管是天灾之年还是丰收之年，当地人们自然都想到要去祭祀老祖公，到溪里击鼓跳舞，以祈求他神灵的保护和报答恩情。这种祈求仪式相沿至今，成为今天的水鼓舞。

（三）神秘的“起鼓”仪式

每年农历六月第一个卯日之后的第一个丑日举行“起鼓”仪式。届时全寨男性无论长幼都身着女人的衣裙，倒披蓑衣，脚踩棕靴来到祭祀地。杀鸭喝酒、焚香烧纸、煮肉祭祀，并在河中一边踩鼓，一边拊水掷泥嬉戏。在当地人看来，倒披蓑衣是为了在祭祖时，老祖公显灵，降下甘露时备用。这无疑是祈求和象征的表现。

图 2　祭祀情景

整个水鼓舞仪式有两个阶段，即“起鼓”祭祖仪式和踩鼓庆生仪式。第一个阶段就是在每年农历六月第一个卯日后的第一个丑日举行神秘的“起鼓”仪式。

当天早晨，村子里的男子们就披着蓑衣、头戴斗笠、下身身着女裙，两人一前一后抬着木鼓，边走边敲，拉着一只白公鹅[①]，挑着米箩筐和大酒坛从“赶栋榔”（当地地名）出发，穿过村里的小巷，一路上说说笑笑，挨家挨户地上门、走寨。各家的主人都会在自家的门口等候，等待小伙们的到来，然后把事先准备好的祭品和香纸放在箩筐之中，数量多少不限，只要能表示对老祖公诚意即可。走完了村子的所有家户之后，男子们便将收集到的祭物和香纸挑到小溪边，由祭师和村里德高望重的寨老主持神秘的“起鼓”仪式。

图3　祭师带领下的“水中舞”

之所以说“起鼓”带有神秘的色彩，是基于在“起鼓”仪式前的禁忌、仪式期间准备的物质及仪式后当地人的过渡面貌。[②] 它们都具有不同

① 在当地人看来，白公鹅象征着“龙”，也就是象征着老祖公和神灵、雨水。

② 准备的物质具有超越的深刻的象征寓意。

的象征寓意。祭祖仪式时，当地居民都会遵守约定俗成的禁忌[①]，一切程序都小心翼翼地进行着。

仪式选择在特定的时辰举行。届时，气氛宁静，场面庄重而神圣。祭师把早已经准备好的祭鼓、“碱糟”[②]、12条剖去内脏晾干水汽的鱼、12颗鹅卵石、12张葫芦叶包好的稻苞以及纸钱酒，按要求一一摆放在祭桌上。待良辰一到，祭祀仪式准时举行。

首先由祭祀师（一般是村里的寨老，或是专门从事和精通祭祀的专职人员）做法和念咒。在整个起鼓仪式的过程中，他都会扮演着重要的角色。祭师一手拿刀，一手提着鸭子，一边念诵着祭词，一边杀了鸭子，然后把鸭血洒向四周，洒着酒，以祭祀先人。祭师举行完毕，就到了村人祭祖。焚烧香纸，放鞭炮，祈求。刹那间，溪边的田野上人声沸腾，香烟袅袅，云雾弥漫。

“起鼓”祭祖结束后，由祭师和寨老带领大家到老祖公长眠的地方举行“起鼓”仪式。祭师带领，德高望重的寨老次之，村民紧随其后，准备举行一场有某种意义的仪式。大家围着鼓，边跳边呐喊。但为什么要这样？他者是无法解释的。

在当地居民看来，只有通过这样方式，远在天边的老祖公才能感受到他们此刻在进行的祈求。笔者认为，当地居民企图通过这种“水中舞”的形式来使自己过渡到能拥有某种超神的境地，好跟远在当地居民的宇宙观念里的老祖公交流和沟通。此时情景，笔者也恨不得钻进当地人的脑里，借助他们的超神能力，询问久居在他们宇宙观念里的老祖公，当年他这样做究竟想要表达什么意思。

（四）“鼓舞”民族情结

踩鼓庆生仪式。“起鼓”祭祀仪式结束后，由两名男子抬着祭鼓架置于溪水中央，大家跟着来到溪边，开始在水中跳舞、狂欢。他们一边依着鼓声踩鼓，另一边拊水嬉戏。等到大家全身湿透，或身上都是泥巴的时

---

① 本村寨的人不能上坡干活、不肩扛、不肩挑等。如若有人违反规定，则被视为人们对神灵、先祖的不敬，村里就会受到惩罚。所以在进行“起鼓”仪式的时候，当地居民必须在场。集体在水中搭一个平台，架起木鼓。

② “碱糟”是将专门烧制的草木灰加清水过滤后，用其过滤水与糯米饭合制而成的祭祖食物，苗语称为“bais Gud”，意为“恭”支系之醪糟。

候，则是水鼓舞中最能显示出人们当时心情的时刻。这时，人们过渡到了一种超脱的境地。

图 4　狂欢之中

人们在雨水中尽情地狂欢、呐喊、嬉戏、打闹。泥巴仗显示了当地苗族人民的激情与火热、包容与大度，令笔者向往。整个“起鼓”仪式的气氛也就随着人们的狂欢而达到高潮。

期间休息三刻钟，人们开始享用祭品。祭过老祖公之后，大家便开始吃酒吆喝追逐，有说有笑。待酒过三巡，当地居民又继续狂欢，在溪里又踩上十几圈，在田里抓几十把泥巴互相戳着对方，如此交叉反复直到酒尽物空，心欢身疲。夕阳斜照在苗岭山坡的那头，也就意味着神秘的“起鼓”结束，人们也就稀里哗啦地归来。相约在 13 天后，再度激情。

过了 13 天之后，第二个丑日到来，也就举行水鼓舞的第二阶段的仪式。不过，仪式由先前的祭祖随着情景的转换，变为了庆生仪式。当天各家各户都会准备丰盛的食物和饭菜等附近村寨的客人及亲朋好友，人们又相约在村子边的寨场坝里踩鼓舞，此日最为热闹。

早上吃完饭之后，女孩子们便兴高采烈地、仔仔细细地打扮起来，不多久之后都穿上漂亮的节日盛装，不约而同地聚拢到寨场坝上。当天为水鼓舞庆生仪式最热闹的一天。革东社区和附近村落及其相邻的台江、镇远、施秉、剑河等地数十个村寨的上万人都要穿上盛装汇集大稿午村进行踩鼓舞。

图 5　踩鼓情景

寨老安排人手把祭鼓置于中央，由鼓手敲鼓，人们便深情地以鼓为中心，跟着鼓的节奏，翩翩起舞。这个舞不分民族和肤色，只要有着激情与热爱即可参加，这样人们便汇集很多，围成了一圈又一圈。最里面圈层的是小孩。第二圈层是年轻姑娘和媳妇，该圈层少时四五圈，多时八九圈。第三圈层是年长的中老年妇女，四五圈左右。第四圈层是中老年男子。最外圈层的是年轻的小伙子。

年轻姑娘、媳妇和小女孩都身着炫目的盛装，头饰，银饰，银衣，下穿百褶裙，脚穿跳投花布鞋。[①] 女子穿的盛装、戴的银饰、头饰、项圈都有诸多的意味深长含义，高贵典雅、雍容华贵、光彩照人。

对于当地居民所穿的盛装，少者轻，多者重。轻者六七八斤不等，重者十七八九到二十斤不等。此刻，这些盛装、银饰、头饰、项圈等无形地被赋予诸多象征和寓意，也是衡量该子女家庭地位或其社会身份的象征。这些东西越多或是越丰厚，就证明女子家景较好，或是父母很注重此女子，因此此女子也比较多受到年轻小伙子的青睐。此时也就成了许多婚姻家庭牵红线的桥梁。中年妇女则看重衣服及其颜色的轻重。衣服带有黑色则说明制作衣服的技术不精简，如果衣服带有黑紫色则说明该妇女精干，贤惠手巧，技术高超。中年男子们则头戴礼帽，身穿深色丝绸长衫，戴着墨镜。[②]

活动期间还有斗牛、赛马、斗鸟等，夜间歌声不断，老年人以苗族古歌为主，年轻人则情歌绵绵，不绝于耳。活动持续三天，其间姑妈们还须挑礼品回舅家来祝贺节日。

三　水鼓舞折射出的文化内涵

笔者通过调查并分析研究田野资料，认为水鼓舞仪式文化所折射和表现出的文化内涵主要体现在以下几个方面：

（一）苗族与水

1. 水与苗族的生命之源

相传，黄河流域一带是我国民族的发源地和摇篮。因此黄河成为我国的母亲河，从古至今，她先后养育着不同的族群。正是黄河以圣水般滋养了一群又一群、一代又一代人民，才有今天这个宏伟的国度。

关于苗族的起源流传这样的传说：苗族的始祖妹榜妹在与水泡恋爱之后生了 12 个蛋，第十二个蛋孵出姜公，苗语称为“Jangx Vangb”。后姜公跟自己妹妹结婚，繁衍后代，如“蚩尤部落”、“三苗集团”等。就这

---

① 杨茂：《水·鼓·舞》，《苗家》2011 年第 1 期。

② 对为什么要戴墨镜这个问题，当地人流行的一种解释是：戴着墨镜，能增加神秘感。如果没有墨镜，怕被人把其身世、容貌认出来，不好择偶。显然，这是年轻人的解释。

样，苗族的祖先一代代生息繁衍。

古代先民们就已经认识到了水的重要性。为了水源，为了生存，族群之间进行无数战争。战争的结果无疑是“胜者为王，败者为寇”。胜利的一方扩大疆域，享用资源。失败的一方则流落他乡或远离故居。苗族人长期而大规模的迁徙过程，是一个从平原到高山的迁徙过程。流转迁出黄河故地，到达长江，沿着江河往西走，跋山涉水，再进一步向山区迁徙，在广大的山区寻找有水源的居住地，繁衍后代. 从史料记载苗族迁移的历史及过程便看出她是一个艰辛的民族。正如澳大利亚著名的民族史学家格迪斯在《山地民族》一书上说：“世界上有两个灾难深重而又顽强不屈服的民族，他们就是中国的苗族和分散在世界各地的犹太族。”苗族的不幸是她艰辛的迁移历史。在炎黄与蚩尤涿鹿鏖战之后的五千年中，由于种种历史原因，苗族由北到南，由东到西，从国内到海外，经历了 5 次规模较大、范围广的历史大迁徙，所经受的苦难是不言而喻的。

当苗族祖先找到水源，定居下来的时候，他们便开始从事农耕、渔业等。在那个靠雨水生存的年代，从事农耕无疑是一种历史的进步。有了水源，依托有利的自然山川资源，先民才得以生存。

正如《国语・周语上》云：“民之有口，犹土之有山川也，财用于是乎出；犹其有原湿衍沃也，衣食于是乎生”。在《管子・水地篇》也有提到：“地者，万物之本源，诸生之根菀也。水者，地之血气，如经脉之通流者也。”[①] 水乃生命之源，万物皆以水而生存。所以又有“人以水为先”之说。

然而，以前先后养育着不同族群的母亲河如今却是“一碗水半碗泥”的境地，这显然是值得每一个中国人深省和反思的事实。

贵州省境内流淌着大大小小近千条河溪和有无数口水井。苗族先民迁移到这片高原山川土地之后，就在以水为中心的河畔、溪边、山腰或山头居住下来，形成贵州境内当今苗族的居住格局。[②] 黔东南苗族人民都靠饮用潺潺溪水或地下冒出的天然井水生存。在县城或是发达的市区也许你看不到小溪或水井。但当你在苗乡走村窜寨的时候，你会发现很多水井或小

① 吴一文：《追寻农耕文明的“舞步”》，《苗家》2010 年第 2 期。

② 有些学者认为：形成苗族当今的居住（河边、山腰及山头的）格局的原因除了以“水”为中心外，其中另一个重要的原因在于军事防御的需要。

溪，也会看到当地居民挑水的身影。而当地居民的房屋则以水井或溪水为中心，依次向四周散开。一般最大的水井都位于村寨的中央，便于村寨人取水。同时，也是为了防患未然，尤其是紧急事件的发生。这集中体现了当地居民的自我保护意识。①

据苗族创世史诗《苗族史诗·洪水滔天》记述和专家考证，在苗族传统哲学中，水是世界的本源，也是生命之源。透过苗族村寨大稿午村的当地居民在举行水鼓舞仪式中的“起鼓”仪式，他们在水中踩鼓狂欢的情景，折射出苗族先民及人类在自然生存中离不开水的寓意。

2. 苗族与农耕文化

苗族自古以来就是一个传统的农耕民族，也是一个与水有着息息相关的民族。从苗族先民迁徙的历史进程来看，苗族先民就是为了找一个水源充足的地方从事农耕，扎根生存，繁衍后代。

从古代的祈求降雨到现在农耕种植，水一直都是一个主导的因素，更是生命之源。在《苗族史诗·洪水滔天》及大稿午村的水鼓舞文化中都有具体的显现。

在当地苗族社区，或是大稿午村有500多年的历史记载以来，当地居民的生存生产作物一直都以水稻为主。他们开垦田地，修筑沟渠，灌溉农业。在举行水鼓舞仪式期间，正值农历6月，是水稻打苞灌浆的关键时期，如果缺水，将会直接影响水稻收成，进而影响当地居民的粮食安全。因此，当地苗族居民便依照老祖公之意，选择在农历六月第一个卯日后的第一个丑日举行水鼓舞仪式，以祈求老祖公显灵，普降甘露，保证当年的收成。倘若没有水，人们则无法生存，也就有了传说中的灾害。水鼓舞的两个传说也均以祈雨为主题，反映了村落居民的辛勤、智慧和其源远流长的农耕文化。

① 其实，每个苗族村寨中不止一口井。只是大井水几乎可以满足全村人对水的需求，其余的井水另作它用，如预防大旱灾而备用、喂养家禽或滋养农田灌溉。现在社会发展了，有时候挑一桶水根本就不够使用，人们也想减轻挑水带来的负担，干脆就几户人家或全村人联合出资来建个大蓄水库直接用大水管分流到每家每户。因此，现在我们很少能看到挑水的身影，但偏远的苗族村寨还是依然有着挑水的身影。

（二）苗族与鼓

1. 鼓与苗族的宇宙观

苗族璀璨的文化中，鼓文化是其中重要的组成部分。在苗族的社会和宇宙观里，鼓是苗族的象征，同时也是苗族传统社会人们文化心理结构的重要标识，更是苗族民族文化认同和张扬的载体。

鼓在苗族的社会生产生活中具有特殊的意义。

《苗族史诗·寻找木鼓》记载："大家商量祭爹娘，祭那远祖高陶。他叫我们更富有，他让大家更繁衍。祭祖要有木鼓哩，大家快去找"、"祭了鼓大家才更富有昌盛"等说法。[①]

苗族学者杨村、吴一文分别在《水鼓舞节》、《追寻农耕文明的"舞步"》文章的论述中均表明：鼓是苗族的"重器"，也是苗族的象征。

图6　大稿午村的木鼓

鼓被认为是祖先灵魂的安居之地，昌盛与否的象征。鼓被赋予诸多象征，以致被人们崇拜、神化，当作"通天的神物"，被用以驱邪捉鬼，突

① 杨村：《少数民族人口丛书·苗族》，中国人口出版社2012年版，第7页。

发事件警报，求风调雨顺、五谷丰收、村寨世家平安的神器，也是镇村之宝。在苗家人的宇宙观里，鼓象征着祖先。因此，苗家人祭鼓，也就成了祭祖。

由此看来，对当地苗族居民来说，鼓是一种神秘且神圣的器物，是一种可以与祖先交流沟通的中介桥梁。鼓在当地居民的生产生活及生命中扮演着重要角色。此时，鼓也被认为是无所不能的神器。

2. 鼓文化和苗族的社会组织

在黔东南苗族传统社会中，与“鼓”有着密不可分关系的社会组织就是“鼓社制”，也叫“鼓藏制”，苗语称为“jangd niel”。“Jangd”有“一片地方”、“团结”、“一节枫树”等之意，“niel”则为“鼓”的苗音。鼓社是一种以“鼓”和“牯牛”作为载体，以父系血缘关系为纽带，为实现宗教和政治目的而建立起来的宗族组织，是形成部落和部落联盟及民族的组织基础。“祭鼓社”则是以宗族为单位的一种祭鼓仪式活动。苗族的“鼓社制”一般分为两种形式，即没有清规戒律的“白鼓藏”和具有严格禁忌和等级的“黑鼓藏”。

据《苗族古歌》记载：“相传苗族祖先姜央过鼓藏节是为了祭祀创世的蝴蝶妈妈”，“先秦时期的‘三苗集团’就已经有了鼓藏节”。后来“三苗集团”在与其他部族的战争中解体，之后便进行艰辛漫长的迁徙。但在迁徙过程中，苗族先民仍然保留着过“鼓藏节”的传统，以呼唤和凝聚分散的各部分支。现以剑河、雷山地区的鼓藏节最为盛行。

苗族大型的村寨通常 12 年举办一次鼓藏节，每次持续达 4 年之久。[①] 其节日仪式的举行都是由村寨里所谓的“鼓藏头”即是村寨中德高望重的有识之士负责的。仪式包括以下几个环节：招龙、醒鼓、迎鼓、审牛。在仪式快开始时，全村寨、不同鼓社的男女老幼都会到迎龙场集会。

在“招龙”仪式祭祖时，各种礼数都是有相应的讲究。[②] 在仪式的过程中，鬼师扮演重要的角色。各家各户也会选出代表配合鬼师的工作。凌

---

① 各苗族分支的祭祖年份、日子也有不同。不过，它里面的内涵、仪式等还是相通的。

② 如用来祭祖的猪必须是阉割后的公猪，而且猪的毛旋涡必须周正，杀猪的时候，猪的头要朝着东方。而杀死猪后，要先将猪心窝上的一块肉割下祭祖。而猪的四条大腿要砍下来留着，待女婿、姑爷、舅舅和至亲送礼时做回敬，自家吃的只是肚腹和胸腔部分。

晨，在鬼师的领路下，村民牵着“龙”[1]，扛着鼓，吹着芦笙，背着祭品沿着村寨疆界的“龙脉”（山脉）走去。不管天气如何，他们的活动是不会中止的，直到招龙仪式结束。在这当中，鬼师抛撒“招龙米”并念祭语，每过一个山头，他就会在山头上插上一个招龙的白纸钱。当绕山仪式完成时，鬼师就会将各家各户聚集的“招龙米”和“龙土”（从“龙脉”上所挖来的土），连同龙肉一起分发给寨子里的各家各户。[2] 之后便是踩鼓、踩芦笙、庆祝和狂欢。

在水鼓舞仪式的整个过程中，鼓也在扮演着重要的角色，反映着鼓在苗族人民心中具有特殊的地位。因此，鼓被赋予诸多象征。如鼓是苗族的“重器”，也是苗族的象征。鼓被认为是祖先灵魂的安居之地、昌盛与否的象征、以致被人们崇拜、神化，当作“通天的神物”，被用以驱邪捉鬼，治病疗伤，求风调雨顺、五谷丰收、村寨世家平安的神器。[3] 在当地人看来，任何重大的仪式都不能少鼓，否则一切皆不顺利，甚至危害社区人民安全。

在剑河、台江、雷山一代的苗族村落社区里，鼓是作为一种社会组织的标志而存在的，也是区分宗族和家支或者村落的一种标志。如当地苗族人民所过的“鼓藏节”分为“黑鼓藏”和“白鼓藏”就是最好的体现。虽然是以“鼓”和“牯牛”为载体，但透视“鼓”和“牯牛”的背后却是一种深层的苗族社会组织。水鼓舞的背后就存在着这种严厉的社会组织。

由于大稿午村的社会组织是“白鼓藏”制。一般来说，这种鼓社制没有多少清规戒律。但在举行水鼓舞“起鼓”仪式时，当地居民也要遵守相关禁忌。如本村寨的人不能上坡干活、不肩扛、不肩挑等。如若有人违反规定，则被视为对神灵、先祖的不敬，村里就会受到惩罚等。所以大稿午村在进行“起鼓”仪式时，村民尤其是男子都必须在场。集体在水中搭一个平台，架起木鼓。由于大稿午村在当地苗族社区是“龙头寨”，

---

① 这里的“龙”是指水牛和羊等家畜。在苗族人民的象征意义体系中，有七种不同动物代表着龙（如水牛、猪、白鹅、羊等）。“招龙”即是以水牛等“七龙”集全绕山，招山川河流的神灵为龙。

② 象征已经将龙引进了整个村寨，龙就会像一顶很大很大的保护伞挂在人们的上空。得到了龙的保佑，人们从此就不用再害怕了，人们就可安居乐业，六畜也会兴旺，五谷也会丰登。

③ 覃东平、吴一文：《苗族鼓社文化》，贵州人民出版社 2004 年版。

所以当大稿午村举行水鼓舞仪式时，附近村寨的鼓或芦笙不得响起。没有大稿午的鼓响起，附近乡村也不能开始农业耕植，违者要遭到重罚。这是一种鼓的独占文化，是一种苗家人的古规，更是一种深层的社会组织。

从苗族的鼓文化中可以看出，鼓承载着浓厚的、原始的传统文化制度，还象征和渲染出浓烈的苗族民族文化心理情结。

（三）苗族与舞文化

苗族是一个具有悠久历史、能歌善舞的古老民族。因此，它传承并发展着多种舞蹈文化。时至今日，后人继续舞蹈着的就有几十种，甚至还要多。如鼓舞、舞龙、芦笙舞等多种民间群众性的集体舞蹈。

苗族的舞蹈为什么多是群众性集体舞蹈？要准确地回答这个问题，比较困难。笔者认为，这也许是苗族先民在迁徙中以鼓社来区分和号召同血缘宗族家支所形成的群居小传统社会的关系。

就像以鼓舞和芦笙舞来维系和凝聚宗族和家支或者村落的团结一样，在古老社会，面对强大的自然及人为力量，如狩猎和战争等，个人的能力是难以克服的。因此，他们必须集体协作，以舞蹈或呐喊来威胁猎物或增加斗志。现在的鼓舞（尤其水鼓舞）和芦笙舞还折射出这样一个原始的象征意义。

正因为鼓象征着“重器”，象征着民族，象征着苗族祖先灵魂的安居之地和昌盛与否，所以，在进行鼓舞时，击鼓人都站在中央，其他参加鼓舞的人则围绕着鼓，围绕着击鼓人，踏着沉重的鼓点，循着回归远古故居的路，脚步时快时慢。走走停停，晃手摆腰地绕鼓转圈而舞，象征着迁徙中沉重的悲哀。这样的情景，在苗族丧葬仪式中有具体的体现，鬼师为死者的灵魂进行念咒和指路，循着回归遥远的东方故地。

在优美的舞姿中，还伴随着一段段当地苗族居民悦耳动听的山歌。笔者不知道他们到底唱着什么，附和什么。但从哀伤的歌声中，似乎可以感受到他们在对古远的、悲壮的、艰辛的迁徙历程回忆和哀叹。歌声与舞姿在不断交替之中进行轮回，直至兴尽方休。

苗族的舞以鼓舞分类最多。有花鼓舞、团圆鼓舞、踩鼓舞、木鼓舞、芦笙舞等。这些舞大都与民间乐器有着千丝万缕的联系，如鼓和芦笙。

以前，踩鼓舞是以一名能歌善舞的鼓手先唱一首以号召邻里青年妇女来舞蹈的“踩鼓歌”。邀歌之后，鼓手才起鼓为舞蹈者作伴奏而进行舞蹈。一般苗族村寨的鼓舞在春节之时最为活跃，而大稿午村的鼓舞是在每年农历六月第一个卯日后的第一个丑日最为活跃。

木鼓舞也是苗族人民所喜爱的群众舞蹈。其中以剑河、台江木鼓舞影响最大，它们是木鼓舞的集中代表，现已成为苗族节日庆典以及出访他国的代表性舞蹈，被国外友人誉为“东方迪斯科”。追溯它的根源，其实质是一种祭祀性舞蹈，深具原始的宗教色彩。但在表演过程中也反映苗族先民的生活色彩和辛勤劳动。

苗族的芦笙舞还可分为习俗性芦笙舞、表演性芦笙舞、祭祀性芦笙舞、礼仪性芦笙舞。而每种舞蹈都有不同的意义体现，如习俗性芦笙舞是谈及婚嫁的寓意。每到“花山节”时，这种舞蹈就要举行。它的要求不是很高，动作简单，似乎是专门为了男女求偶创造机会而举行。

表演性芦笙舞一般都是在节日或集会中以竞技或献技的方式进行表演。不难看出，它的目的就是能在表演中取胜，显然在动作、技能方面都是要求相当高。每支参赛队都想战胜对方，若想让对方心服口服，这就需要在演技上下苦功，以观众的评价及掌声来博得赞赏与支持。

祭祖性芦笙舞只有在祭祖的时候跳（“吃牯脏”时节），舞者多为中老年人。在庄严而肃穆的气氛之中，突出了苗族人们对祖先们的崇敬和怀念，也突出了原始的宗教神灵信仰色彩。

礼仪性芦笙舞主要在喜庆活动之中进行表演，以跳跃而轻快的动作，渲染出热烈欢腾的喜庆气息。在感伤的场景之中，如葬礼，则是对死者家属表示安慰以及对死者的致哀和亡灵的告别之意。

而水鼓舞的舞蹈艺术展现的唯一性，也就确定了它能获得人们的认同、赞誉的前提和基础。任何舞蹈艺术，无自己独有的个性，离开其生存的土壤和环境，其表现肯定是苍白无力和缺乏生命力的。反之，有了其生存的土壤和环境，有了自己独有的个性并融入人们的内心中，由此产生心灵的震撼和共鸣，这种舞蹈才充满生命和活力，才能在浩瀚的艺术天地里寻找到自己的一席之地。

（四）苗族的祖先神灵崇拜

从水鼓舞的神话起源来看，水鼓舞仪式的初衷是祭祀老祖公及祈求风调雨顺的。祈求老祖公在天显灵，普降甘露，恩泽当地居民。

整个仪式中，不只是对老祖公的崇拜，更是对苗族先民悲哀历史的崇拜。祭师所摆放的祭品有祭鼓、“碱糟”、十二条剖去内脏晾干水汽的鱼、十二颗鹅卵石、十二张葫芦叶包好的稻苞、烟和酒。

为什么要用十二条剖去内脏晾干水汽的鱼、十二颗鹅卵石、十二张葫芦叶包好的稻苞？因为十二在当地人的宇宙观里表示和象征着十二位祖公。据说，苗族原住在浑水河（即为黄河）边，有十二个祖公，后来先后沿江西迁，来到现在住的地方。早到的几个祖公已经吃过鼓藏，并祭祖先了。“恭”来晚了没有赶上，但又不能等到下一次吃鼓藏时再祭祖。为了表达对故土和先人的怀念，愿后世人丁兴旺，大家决定在农历六月第一个卯日祭祖。这里有很多象征意义。草木灰水象征着浑水河（即为黄河）。剖去内脏晾干水汽的鱼象征着浑水河里的鱼。用草木灰水酿制“碱糟”表示食物是浑水河的水煮的糯米。鹅卵石表示先人及先人的住地——“江边湖畔”。十二张葫芦叶包好的稻苞表示祖先住地是盛产稻谷的地方。葫芦叶表示姜公兄妹，因洪水滔天坐葫芦得救，结为夫妻，繁衍人类。

整个仪式过程，无不象征和体现了当地居民对祖先的崇拜和因无法挣脱大自然而对大自然的崇拜。

（五）苗族的服饰文化

在整个苗族的发展历程中，服饰是苗族的发展见证。在当地人眼里，透过苗族鲜亮的刺绣和服饰，可以看到苗族先民艰辛的迁徙历程和迁徙路线。

当水鼓舞仪式活动的第二阶段踩鼓时，当地居民和来自七村八寨青年男女，尤其是年轻妇女或是少女，都要身着盛装，佩戴银饰，围着鼓，随着鼓点节奏，或是激昂，或是轻舞，但总是将当地社区内苗族的服饰文化展现得淋漓尽致。这也加强了社区内部服饰文化的交流、融合、发展和传承。

（六）苗族人民的精神气质

在水鼓舞仪式活动期间，理论上说仪式是哀伤的，祭祀和怀念远去的祖先及哀伤和感叹远古苗族先民的艰辛迁徙历程。但那都是远去的传说和神话，留给当地居民的是在当下，该抱着怎样的心情生活。

无论是祭祖起鼓时的嬉戏、激昂起舞，还是踩庆生鼓时的翩翩起舞，当地居民所表现的都是神采飞扬，其乐融融，乐而忘忧，积极向上、包容大度、豪爽大方的民族性格。

（七）苗族社区团结

每次水鼓舞仪式举行之前，村委、寨老或当地有名望的人都会起来号召。届时各家各户也都会积极地贡献相关的祭祀祭品，在老祖公长眠的地方聚集，共同祭祀。每个家庭都必须参与，这取得了促进社区家族内部人员的团结，增强当地居民的凝聚力的效果。

同时，在活动期间各地亲友都来祝贺，也促进了本村与他村的交流，增进了当地家族家支与迁出外地本家族家支以及本村落与其他村落之间的团结，维护了当地社会的稳定发展。

四 水鼓舞的社会影响

水鼓舞是我国唯一一种在水里跳舞的民族民俗节日活动。它是一种由祭祀祖先，祈求上天风调雨顺、村寨和平及村民安居乐业的水鼓舞相结合的原生态舞蹈，被誉为民族原始舞蹈的“活化石”。

现今，大稿午水鼓舞和当地的许多独特苗族文化现象已引起了中外专家学者的广泛关注。国内如《新闻联播》、《贵州日报》、新浪网、优酷网等新闻媒体、报纸杂志及网站曾多次对水鼓舞进行了专题报道。

由此，2005 年，大稿午苗族水鼓舞被贵州省人民政府列入首批省级非物质文化遗产，列位第一。2009 年，剑河苗族水鼓舞参加“中天城投”杯 2009“多彩贵州”舞蹈大赛总决赛，荣获原生态舞蹈铜奖。2009 年，参加“交通银行”杯中央电视台第五届 CCTV 电视舞蹈大赛，由贵州电视台选送的《剑河苗族水鼓舞》荣获舞蹈大赛群众创作表演舞蹈金奖。2010 年，贵州省剑河县接到加拿大国家博览会组委会的邀请函，剑河苗族水鼓舞于 8 月 20 日至 28 日亮相加拿大国家博览会，荣获金奖。2011 年，在“2011 多彩贵州踏春行”走进苗族水鼓舞多彩贵州踏春行 5 号线媒体采访团对其进行专门的采访报道。水鼓舞用其独特的并带有幽默和神秘的舞蹈，迷倒了在场的各地观众，演出现场欢笑声、散光灯声此起彼伏。如此可见，具有浓厚原生态色彩的大稿午村苗族水鼓舞凭借着神秘的面纱，越来越受到人们的关注和欢迎。

五　水鼓舞文化保护

每个民族都有自己独特的文化，这些文化是各民族人民在世世代代生产生活过程中积累和流传下来的，是民族先民的智慧结晶。

千百年来，民族间一直在不断地融合或是同化，加上随着现代社会的发展及全球化的浪潮，文化间相互影响极为严重，而有些民族是弱者中的弱者，在强势文化面前，民族没有自生能力，他们的文化逐渐失去其生存的土壤。在这样的大环境下，族群人员为了生存，他们不得不放弃先民留下的本土文化，以适应强势潮流。这致使一些优秀的民族文化濒临消亡，甚至已经消亡。

对此，国家相关部门采取了一系列措施，诸如把优秀的民族文化列为非物质文化遗产来加以保护和传承。苗族水鼓舞文化在 2006 年被贵州列为第一批省级非物质文化遗产，2010 年 5 月又被国家文化部公示为国家级非物质文化遗产的推荐名录。

对国家而言，非物质文化遗产是国家的无形文化资产，代表着人类文化遗产的精神结晶，同时也是先民遗留下来的具有神秘色彩的古老文化及鲜活的文化历史传统。它们是国家、民族文化软实力的重要资源，也是民族精神、民族情感、民族历史、民族个性、民族气质、民族凝聚力和向心力的有机组成。

对非物质文化遗产性质的认识，保护和弘扬优秀的非物质文化遗产，对建设中国特色社会主义核心价值体系具有重要的作用。

500 多年来，苗族水鼓舞经历了从求神祈雨到祭祀先祖再到今天一年一度的欢庆丰收或娱乐生活一系列活动形式。它在历史的长河中经历洗刷、碰撞、冲击和沉淀，坚强地传承下来。它不仅保留了原生态文化，在岁月的洗礼中还积累了丰厚的文化底蕴，形成了自身独具特色的文化内涵。

今天，水鼓舞成为特色的非物质文化遗产，它不仅传承了一代又一代苗族人民的智慧结晶，也展现了苗族先民苦难迁徙，辛勤耕耘，建设家园，努力生活的足迹，也见证了一个民族历史的发展路程。他们对生活充满了信心和无限的希望，传递下来的是群体的观念和认同，也是苗族后辈最终的价值选择和取向。

水鼓舞文化在苗族人民的演绎下越走越耀眼，在与其他民族长久的交流中慢慢的也受到各民族文化的影响。在整个历史流传过程中，它早已形成了自己内在的文化传统，并伴随着情景的改变，其实质也进行创新和删减①，也自觉地选择和吸收其他文化精华。

水鼓舞文化从最初的拜天求雨到今天的庆祝丰收的娱乐生活，从最初的仅是家人们祭祀祖先到现在的请朋邀友欢聚一堂，一直不变的是勤劳的苗族人民继续在努力生活。

在多元文化的今天，水鼓舞文化受到极大的影响，甚至毁灭性的打击。② 一方面，水鼓舞文化也难以避开外界文化的冲击，使原生态水鼓舞文化面临着巨大的挑战。其次，随着现代化的进程，当地青年价值观的转变。为追求更好的物质生活，大量的村人季节性的迁出，只剩空巢老人及孩子。只有青年才是水鼓舞舞蹈上的奇葩，新鲜的活力，旺盛的生命力。可是，这源泉在流失，留下的则不愿去理解，更有人甚至认为传承水鼓舞文化是墨守成规、老古董。当地人的观念转变导致现在水鼓舞文化在传承中出现了断裂。

再则，剑河新县城的迁入，大稿午村将要成为了县城的一个附庸繁盛的人口密集地。为了达到旅游城市的发展指标，不断地扩建县城面积，水鼓舞举行祭祀仪式的空旷场地不复存在，它消失在人们的记忆中。

这样的结局并不只是让当地居民烦恼、担忧。同时也值得学术界反思：是什么原因让当地人在今天迷失了？为什么要抛弃对水鼓舞文化的传承、保护的责任和义务？当传统民族文化与现代发展思想碰撞时，我们又如何去传承传统民族文化？或者当地人怎能放弃沉淀了五百年的原生态的传统民族文化，任她消失？它是苗族先民的汗水、智慧、精神和信念。它以其源远流长和博大精深的内涵及象征揭示了这个民族的起源、迁徙和发展的辛酸历程，它是见证民族历史和探索研究民族发展的最有价值的资料与依据。

非物质文化遗产的挖掘和保护，对建设中国特色社会主义核心价值体系有着重要的作用。非物质文化遗产具有民族性、民众性、民生性的特

---

① 就如最开始的水鼓舞文化一样，最先之时有吹芦笙这一环节，可是传承至今却再也不能从水鼓舞里发现芦笙的影子。

② 由于原来的场地被占用，每年一次的水鼓舞起鼓仪式在 2013 年没有进行。

征，水鼓舞文化成为当地核心价值体系建构的重要文化根基和文化资源。基于此，需要相关政府部门和当地居民在加强对水鼓舞文化的挖掘时，也要进行观念转变，树立正确的价值观，深省和反思，进行文化自觉。

六　结语

苗族水鼓舞文化有丰富的文化内涵，需要人们不断地去研究、发掘，揭开其神秘的面纱，实现自身的价值。同时，水鼓舞文化在传承过程中也面临巨大的挑战，对水鼓舞文化的研究和保护显得更加迫切。

当前，由于笔者专业知识水平的局限，对水鼓舞文化的研究存在理论视角的偏差或认识的缺陷，没有真正解读到水鼓舞所折射和表现出的文化内涵及象征意义，也没有把水鼓舞文化完全解读并引入到全社会生活领域的宏观高度。在此，笔者表示歉意。但这并不影响笔者研究和解读本民族文化的志向和信心。笔者希望今后继续学习民族学、人类学学科文化知识，关注和研究水鼓舞文化。

七　致谢

笔者在对该课题研究中，得到很多相关部门和人员的极大帮助。

感谢我的老师阿布都哈德副教授、僧格教授、看本加副教授等始终悉心指导。

感谢在调查地调查期间得到县文联杨村老师、县委宣传部孙亚光老师、县旅游局陆老师及文化局红叶老师等有关部门和负责人的极大支持和帮助。

并在此由衷感谢大稿午村当地村委会和当地村民们的支持和帮助。

最后笔者要感谢每一位帮助该课题研究的人员，再次感谢你们对该课题的支持和关心！

参考文献

[1] 孙亚光：《剑河稿午水鼓舞》，《苗家》2010 年第 3 期。

[2] 邰伟生：《寻远古遗风·展盛世辉煌》，《苗家》2010 年第 2 期。

[3] 杨茂：《水·鼓·舞》，《苗家》2011 年第 1 期。

［4］杨村：《中国少数民族人口丛书·苗族》，中国人口出版社 2012 年版。
［5］吴一文：《追寻农耕文明的“舞步”》，《苗家》2010 年第 2 期。
［6］覃东平、吴一文：《苗族鼓社文化》，贵州人民出版社 2004 年版。

其　他

浅析《小红帽》故事中的行动圈与角色的功能

李修贤

摘　要：《小红帽》是德国格林兄弟的童话故事集中的一部经典之作，用普罗普《故事形态学》中所提出的“故事行动圈”、“角色的功能”来解读这篇童话故事，我们可以发现《小红帽》的写作价值。普罗普认为童话故事有31个功能项，在《小红帽》中虽然只存在部分功能项，但是这些功能项却是以同样的秩序出现，而且最终组成了一个完整的童话故事。

关键词：角色的功能；故事行动圈；结构；类型

一个女孩与一只狼在森林里相遇，谁不知道小红帽的故事？长久以来，她一直是儿童床边故事里的明星，也是童年天真无邪的象征。她就像邻家女孩，一个曾经历险的小孩子。1922年，小红帽首次登上迪斯尼卡通片的舞台，比米老鼠早了六年。她是英国小说家狄更斯的初恋情人。狄更斯曾表示：“我总觉得要是娶了小红帽，我就会知道什么叫作天赐良缘。”全球各地都流传小红帽的故事，本文试图利用普罗普《故事形态学》中所提到的“故事行动圈”、“角色的功能”来对这篇耳熟能详的童话故事进行新的解读。

一　《小红帽》中主人公小红帽的行动圈

普罗普在《故事形态学》第六章根据角色排列功能项中提到：“许多功能项是从逻辑上按照一定的范围联结起来的。这些范围整体上与完成者相对应，这就是行动圈。”普罗普经过分析，得出故事有七个行动圈，而排第六位的就是主人公的行动圈。它主要涵盖了动身去寻找（C↑）、对赠予者要求的反应（Γ）和婚礼（C ＊）三方面的内容。第一个功能项（C↑）对于充当寻找者的主人公是典型的，作为牺牲者的主人公要完成的只是其余的事情了。而在《小红帽》的童话故事中，主人公小红帽的行动圈主要包括小红帽离开自己的家、外出去看望她的外婆、路途中偶遇狼、向狼告知了自己的行动及外婆的身体状况和外婆家的地址、被狼诱骗、去森林深处摘鲜花，导致外婆被狼吞掉，之后也导致了自己被狼吃掉的命运。不过，幸运的是，小红帽及她的外婆被路过屋前的猎人救了。逃出来的小红帽赶快去拿大石头填到狼的肚子里，狼醒了想要逃走，但是石头非常重，它就马上倒下死了。

从叙述的情节中，我们可以看到主人公小红帽的行动圈并不是完全遵照普罗普所提出的主人公的行动圈去发展的，它只大体上符合了前两部分即动身去寻找（C↑）和对赠予者要求的反应（Γ）。在故事中，对应的分别是小红帽离家去看望外婆和接受了猎人的拯救并让猎人剥下狼皮带回家。至于普罗普提到的婚礼（C ＊），在故事中应被诠释为小红帽及她的外婆获救。

二　《小红帽》中加害者狼的行动圈

普罗普在《故事形态学》第六章根据角色排列功能项中指出了故事有七个行动圈，而排第一位的就是对头（加害者）的行动圈。它包括了加害行为（A）、作战或与主人公争斗的其他形式（Б）和追捕（Пр）。而在《小红帽》的故事中，加害者狼的行动圈主要包括狼对小红帽的外婆及小红帽的加害行为。狼通过诱骗小红帽，使小红帽走到了森林深处去给外婆摘鲜花，这时狼就趁机扮演了小红帽的角色，进入了小红帽的外婆家里，先吃了小红帽的外婆后又吃了小红帽。

普罗普在《故事形态学》第七章新角色进入行动过程的几种方式中提到：“人物的每一个范畴都有其出场形式，人物进入行动过程的一些特殊方法与每个范畴相适应。这些形式如下：对头（加害者）在行动过程中出场了两次。第一次他是突然出现的，从其他地方飞来、从天而降等，但随后就消失了。第二次他是作为被寻找到的人物进入故事，一般是有人引路。”而在《小红帽》的故事中，加害者狼在行动过程中却出场了三次，并且它也不是如普罗普分析的那样即第一次是突然出现，随后消失，第二次是作为被寻找到的人物进入故事的。在这个故事中，加害者狼第一次出现是偶然的，并且出现之后并没有随即消失，而是一直伴随着它的加害行动而存在。因为它并不知道小红帽要到森林里去看望她生病的外婆，它只是在森林里闲逛时恰巧遇到了小红帽，看到她拿了很多食物，贪婪的食欲和好奇心的驱使，于是就向她询问了缘由。当得知小红帽的外婆生病时，它不仅对她的外婆起了歹意，而且对小红帽也动了心思，“这个年幼的嫩人儿，是一口肥肉，比老太婆的味道好。”因此，它没有立即消失，而是诱骗小红帽去森林里摘花。

加害者狼的第二次出现很富有戏剧性。它来到小红帽外婆的门前，把自己装成小红帽，然后用小红帽的声音与外婆交谈，而病中的外婆对门外诡异的声音并没有起疑。由于病得很重，外婆无法起床，她就让小红帽（其实是狼）自己掀门上的把手，打开门。狼打开门之后，一句话不说，一直走到小红帽外婆的床边，之后就把小红帽的外婆吞了下去。

加害者狼的第三次出现就再次把小红帽引入到了故事情境中。小红帽采集了很多花，多到拿不动了，才想起了外婆，于是继续朝外婆家走去。到了那里，门开着，小红帽虽感到奇怪，心里有些不安，但还是进了屋并朝外婆的床前走去。她走到床前把帐子拉开，看到外婆躺在那里，帽子戴得很低，把脸遮住，样子很奇怪。但她并没有离开，而是在奇怪地问：“外婆，你的耳朵为什么这样大?”当狼回答：“为了我能够更好地听你说话呀”时，小红帽还没反应过来现在躺在床上的已经不是爱她的外婆了，而是一直想尽一切办法想要吃掉她的可恶的狼。于是，小红帽还在连续发问，当问到“外婆，你的嘴为什么大得这样吓人?”时，狼早已经失去了耐性，于是边回答小红帽：“为了我能够更好地吃你呀”边向她扑了过去，就把小红帽吃了。

故事进行到这里，加害者狼的行动过程已经结束了。虽然在这里，加害者狼并不符合普罗普所分析的形式，但是它仍符合普罗普在《故事形态学》第七章新角色进入行动过程的几种方式中所指出的：“人物的每一个范畴都有其出场形式，人物进入行动过程的一些特殊方法与每个范畴相适应”的这一理论。

三　《小红帽》中相助者猎人的行动圈

普罗普在《故事形态学》第六章根据角色排列功能项中所列的第三个故事行动圈为相助者的行动圈。它包括：主人公的空间移动（R）、消除灾难或缺失（Л）、从追捕中救出（Сп）、解答难题（P）和主人公摇身一变（T）。而在《故事形态学》第七章新角色进入行动过程的几种方式中讲到：赠予者是偶然相遇，最常见的是在林中小木屋，或者是在野外、在路上、在街头。神奇的相助者是作为礼物被引入。这种排列可以认为是故事的规范，但也有一些违反的时候。如果故事里没有赠予者，那么他出场的形式就转移到了下一个人物身上，这个人物就是相助者。

普罗普注意到故事的情节不同之处在于“受害的主角”获“寻找者”拯救（最受欢迎的童话故事里，则是女主角被王子拯救），及受害者自救（以男性为主的故事常见的剧情，《外婆的故事》也有同样的情节。）就普罗普的分类架构来看，格林兄弟的《小红帽》代表受害的女主角等待他人拯救。

因此，在《小红帽》这个童话故事里，赠予者与相助者都是猎人。首先是赠予者猎人偶然经过小红帽外婆的屋前，听到了打鼾声，觉得奇怪，心想：“老太婆打鼾，她是不是不舒服，我应该去看看。”于是，猎人就走进了小红帽外婆的房间，来到床前，却看到了狼躺在床上，他就一切都知道了。之后，赠予者猎人就转变成了相助者猎人。他本来要端起枪射杀狼的，可转念一想，狼把外婆吃了，或许外婆还能够得救。于是，他就放下枪，拿起剪刀，开始剪那睡着的狼的肚皮。之后，小红帽及小红帽的外婆都得救了。

四　《小红帽》“角色的功能”分析

普罗普在《故事形态学》第四章中讲到了同化，与同化相类似的另一个现象是一个功能项具有双重形态意义。功能项的确定应该不依赖于谁来完成它。由对功能项的列举可以确信，它们的确也不依赖于它们用怎样的方法完成。这一点有时给为单个故事下定义带来了困难，因为不同的功能项可以用完全一样的方式完成。显而易见，这里存在着一些形式对另一些形式的影响。这一现象可以被称为功能实现方式的同化。在《小红帽》这个故事中，小红帽离家时，妈妈警告她不要走离大路，同时也不要和陌生人说话。但当小红帽在森林中遇到加害者狼时，她就把妈妈的警告抛在了脑后。她不仅与狼进行了交谈，把外婆的住处和外婆的情况告知了加害者狼，而且还听从了加害者狼的劝诱，跑到森林深处去摘鲜花，打破了妈妈给她下的禁令。这样说来，小红帽的离家就具有了双重的形态意义。

在这里，我们如果用普罗普“角色的功能”理论来分析童话故事《小红帽》的话，就可以把故事分解为如下的结构：

从前有个漂亮的小女孩，谁见了都喜欢，尤其是她的外婆。不知道要把什么东西给她才好。一次，外婆送给她一顶红天鹅绒的帽子，她戴着非常合适。从此，小女孩再也不愿意戴任何别的帽子了，于是大家便叫她“小红帽”。	1. 初始情境（i）。
有一天，妈妈对她说：“小红帽，来，这里有一块蛋糕和一瓶葡萄酒，拿去送给外婆吧！外婆生病了，身子很虚弱，吃了可以恢复健康。趁天还不热，你就动身，到外面要好好地、规规矩矩地走，不要离开大路。不然你会摔跤的，那样外婆就什么也吃不上了。”	2. 小红帽离家外出（e^3）。 3. 妈妈对小红帽下了一道禁令（δ^1）。
“小红帽，这么早要到哪里去呀?”“我要到外婆家去。”“你那围裙下面有什么呀?”“蛋糕和葡萄酒。可怜的外婆生了病，要吃一些好东西才能恢复过来。”“你外婆住在哪里呀，小红帽?”“她的房子就在三棵大橡树下，低处围着核桃树篱笆。你一定知道的。”小红帽说。	4. 狼试图刺探消息（B^1）。 5. 狼获知小红帽的外婆及小红帽的信息（w^1）。
狼诱骗小红帽去摘花，于是小红帽就离开了大路，走进森林里去采花。她每采一朵花，总觉得前面还有更美丽的花朵，便又向前走去，结果一直走到了森林的深处。	6. 打破禁令（b^1）。
狼来到小红帽外婆的门前，把自己装成小红帽，然后用小红帽的声音对外婆说：“我是小红帽，我给你送蛋糕和葡萄酒来了。快开门呀。”	7. 狼企图欺骗小红帽，以掌握小红帽及她外婆的性命（Γ^3）。
外婆说：“你掀门上的把手好了，我没有力气，不能起来。”狼掀了把手，打开门。	8. 小红帽的外婆上当并无意中帮助了狼成功进入了屋内（g^3）。
狼打开门之后，一句话不说，一直走到小红帽外婆的床边，之后就把小红帽的外婆吞了下去。	9. 加害（A）。 10. 狼吃掉了小红帽的外婆（A^{14}）。

从中，我们可以看到，普罗普所认定的三十一个功能，并不是每个故事都能全部囊括，但这些功能确实经常以同样的秩序出现。除了上述八项之外，其余功能并不适用于《小红帽》，但它们却包含所有类型童话故事的剧情要素，且让我们清楚感受到故事的密码。

五　小结

本文用普罗普《故事形态学》中所提出的“故事行动圈”、“角色的功能”来对这篇童话故事进行解读，从中我们可以发现，普罗普的观点有助于解释童话故事核心的矛盾，包括为什么童话会永存不朽、流传全世界，且符合每一个时代的现实。童话故事确实是具有功能的，但其主题却有无数的变异，各种变异版本都是用社会和文化模式的万花筒来看的。因此，像《小红帽》这样的故事，几世纪以来每次传讲时，不断保留且挑战其传统意义，童话所含的密码也仿佛像文化的DNA一样代代相传下去。童话故事反映人类生存的密码，透过童话，我们可以方便地摄取这些知识。

参考文献

[1]《外国童话经典100篇》，叶君健等译，人民文学出版社2003年版。
[2]［俄］弗拉基米尔·雅科夫列维其·普罗普：《故事形态学》，贾放译，中华书局2006年版。
[3]［俄］弗拉基米尔·雅科夫列维其·普罗普：《神奇故事的历史根源》，贾放译，中华书局2006年版。
[4]［美］凯瑟琳·奥兰丝汀：《百变小红帽——一则童话三百年的演变》，杨淑智译，生活·读书·新知三联书店2006年版。

田野随笔

羌乡田野杂记

——重拾于一个边缘羌村的本土历史记忆

刘　超

时光匆匆，岁月流逝，转瞬间，已是步入大学三年之余，学习民族学也已有三年之余。回首之处，曾经最美，回忆最殇，驻足之处，试问于心，拿什么祭奠这即将逝去的青春？明理于此，随行于时，唯有羌乡田野！

——题记

本文系笔者初涉民族学殿堂三年以来，通过整理零星的羌乡田野杂记而进行的一次学习历程的回顾和学术自觉的反思。本文主要以四川省北川羌族自治县云安村为例，记叙了笔者对一个文化地域双重边缘下的小村落中人们历史记忆中的本土文化事项而展开的田野调查，试图重拾本土文化历史记忆，以寻求一种稳定的共同体作为当地族群身份认同的符号。

这是笔者初涉民族学殿堂三年以来，从学院到田野，理论联系实际的最佳答卷，更是笔者即将完成本科学业的毕业献礼！

一　我的田野：缘起那曾经生活过的生活

三年，能做什么？最简单不过的答案便是能让一个呱呱坠地的婴儿学会讲话，学会吃饭，学会走路。

初涉民族学殿堂的我们又何曾不是一初生婴儿？从曾经的一无所知到如今的小有所获，初步学习了民族学理论与流派，掌握了民族学田野调查的入门技巧。在民族学殿堂中，初生儿眼前摆着一桌丰盛的学术盛宴，他如何去看待这桌上的每道佳肴？再如何去选择适合自己的菜品？最终又该如何走出这张桌子去寻找自己的食材烩制属于自己的菜肴？于此便是走出学院，涉入田野，寻找自己的学术关怀，探求自己的学术追求，最终回归现实，关怀现实。

初涉民族学的我们，不曾经历世间沧桑，而满足于书本的猎奇，兴喜于名家笔下的金辉，憧憬于象牙塔式的理想，不曾置身于世间，涉足于田野，而将步入藤椅学者之后尘。没有田野便是没有材料，没有材料便是没有话语权，明理于此，随行于时。怀着梦想，带着对生活的思考，带着对民族文化的热情，行走于羌乡田野，着眼于民族学者笔下的学术眼光，探寻于那些曾经生活过的生活，此便是初涉民族学殿堂之践行于羌乡田野！

笔者所初涉羌乡田野主要是指北川羌族自治县湔江流域各村寨，所涉内容主要是关于北川人对于本土文化的历史记忆。它包括对禹里乡云安村和庙坝村本土历史记忆的综合调查，桃龙乡桃花村本土山歌、耕牛歌的收集整理，桃龙乡鸭地村、桃红村民间故事的收集整理，桃龙乡九成村传统羌寨和服饰的调查，小坝乡内外沟、走马岭、巨堡村关于羌族英雄领袖走马将军故事的收集整理和开坪乡永平村明代古城池“永平堡”的调查。

本次田野杂记主要总结了对云安村本土历史记忆的调查。四川省北川羌族自治县禹里乡云安村，是笔者生长之地，此地对于笔者有着浓于山水之情的养育之情，因此笔者自小便对本村社会历史有所了解。在民族学的学术熏陶下，以学术眼光的洞察力，关注于村落中的诸多文化事项，以寻找该村落现存关于本土羌文化的残存遗迹，寻找一种稳定的共同体作为该地羌族认同符号。

历史上，从明朝白马将军何卿对白草羌番进行残酷镇压后，北川地区便逐渐被汉化，以至于北川虽是全国唯一的羌族自治县，但却是羌族的文化边缘地区。云安村位于北川县西北端偏于一角，也正是北川县的地理边缘地带。在文化和地理双重边缘下，云安村诸多文化事项已逐渐成为历史记忆的碎片。

北川羌族自治县于2003年成立，近十年来北川人不断地通过各种方式重拾曾经的历史记忆，不断地以学习、宣传、模仿、践习的方式传习羌文化，以此重建丢失已久的羌族身份认同，寻求群体归属感。最直接的方

图 1　云雾里的羌山格外美丽，却不知经历了多少风雨！

（笔者摄于 2012 年暑假）

式便是修改户口上的民族成分——昔日的汉族到现在的羌族是最为直接的转变方式。这种身份归属的转变也存在心理认同的转变，人们开始寻找各种历史记忆以重塑自己的羌族身份认同。云安村作为北川县最偏远的小山村之一，也有着这种从族群身份归属到族群内心情感（Primordial attachments）[①] 认同的转变。于此，发掘现存关于本土羌文化的残存遗迹及情感记忆，寻找一种稳定的共同体作为当地羌族认同符号的学术关怀紧迫而必要，确立一种更为确切的符号作为重新建构羌族身份认同的载体，为民

---

① 转引自巫达《族群性与族群认同建构：四川尔苏人的民族志研究》第 7 页注解："英文的 Primordial attachments 一词，在汉语中较难找到合适的对应词语，有学者翻译为'原生论'（如纳日碧力戈：《现代背景下的族群建构》，云南教育出版社 2000 年版）；'根基论'（如王明珂：《华夏边缘：历史记忆与族群认同》，社会科学出版社 2006 年版；王明珂：《羌在汉藏之间：川西羌族的历史人类学研究》，中华书局 2008 年版）；'族群内心情感'（巫达：《族群性与族群认同建构：四川尔苏人的民族志研究》，民族出版社 2001 年版）。"笔者认为巫达的表述更能反映该族群心理。

族身份的重塑提供史料及理论依据。

本研究践行于羌乡田野，调查云安村现存为数不多的本地土生土长的老人。从他们记忆中前辈讲述到曾经个人经历再到如今之现状的回顾，利用个别自传调查法探索本地族群身份的转变和历史记忆的变迁，寻找该村落现存关于本土羌文化的残存遗迹。笔者于田野之中总是思考着：云安村作为文化地域双重边缘下的小村落，其如何展现着历史记忆与现实情境的冲突与融合？历史记忆的碎片如何面对现实的情境？本土文化历史记忆中哪些文化事项能够作为民族身份认同重塑的符号？这些问题时时刻刻指引着我前进的方向。

如若此研究计划得以完成，将具有较大的现实和理论意义：首先于现实意义之中，充分运用了文化人类学的田野调查方法和旅游民族学的研究视角，深度挖掘本土民族文化特色，振兴民族文化，发展民族特色经济，促进区域经济发展为现实目的；其次，从理论意义角度讲，本研究以寻求新的族群认同符号，重新建构稳定的族群身份认同为学术理论关怀。

二　田野所关注的现实情景

云安村位于四川省北川羌族自治县禹里乡最西端，是禹里乡最偏远最深入大山中的行政村落之一。它由四个自然村寨组成，历史上曾经用名“安边寨”、“若尔垮”[①]。它东邻庙坝村，三面环山，距离禹里乡治所在地约70公里。大禹降生之地禹穴沟（小泗沟）于其东南方向缓缓流过，该地山清水秀，夏季清新凉爽，当地人常半开玩笑道：“非常适宜养老。”[②]

① 见《羌族知识简明读本》第26页，图《石泉县志·番寨图》乾隆版，中共北川羌族自治县民族工作委员会编。

② 其更为深刻的寓意为：因云安村地处偏远，交通、通信条件限制，发展困难，经济滞后，不适宜年轻人的发展，而山清水秀，空气清新，怡人的生活环境，只是适宜老年人于此颐养天年！

图 2 美丽的云安村一角，由于各自然村寨都处于高山峡谷之中，高山深沟所碍，无法找到合适的角度能够拍下村落全景的位置。如今对面山坡的美景已被 2013 年 7 月 9 日的泥石流所吞没（笔者摄于 2012 年暑期）

该村为典型的地广人稀山地村落类型，全村总人口不到一千人。其中，一组 105 人，二组 15 人，三组 355 人，四组 420 人。[①] 由于地处深山峡谷，经济发展较滞后，公共服务设施较欠缺。20 世纪 90 年代初由于大面积开发深林资源而修通了通往禹里乡上的公路，至今仍为颠簸的土路；80 年代中期在河谷中修建小水电站兼磨面厂一座，如今已废弃；2001 年村上修建电视卫星转播站开始普及电视，如今各户都用上锅盖式的接收机；2010 年庙坝村修建移动通信转播塔后，全村三分之二的地方开始有移动手机信号；全村以农业为主辅以林业开发，药材种植。由于乡土情结及山地情怀，外出务工人员较少。

① 数据源于笔者 2012 年暑期调查统计所得。

图 3　通向云端羌寨的唯一公路。崎岖的山路是村寨与外界沟通的生命通道，颠簸着云安村的未来希望！（笔者摄于 2012 年暑期）

图 4　云安村如今普遍种植的经济作物魔芋以及中药材厚朴。魔芋产量高，价格高，销路好，有靠魔芋发家致富的，魔芋成为了云安村如今的经济支柱（笔者摄于 2012 年暑期）

人口流动主要表现在婚姻、上学、搬迁等方面。据笔者了解，近二十年来都是由该村嫁到矮山和平坝地区，以及更接近平原地区自然条件更好的村庄，没有从外地嫁入本村的情况，包括男性也甘愿到外地上门（入赘）而不愿留在本地，就连本地人嫁到本地的情况都越来越少。于此便造成近十年来村里人口锐减，大量青壮年劳动力流失，耕地荒废等社会问题。然而，由于地处偏远，教育条件落后，能真正靠读书走出大山的孩子很少，大多都是读完初中便辍学打工。据了解，笔者便是本村历史上第四位大学生。村里人摆脱艰苦条件的最佳方式便是努力劳作，省吃俭用，最终便举家搬迁至外地谋生，不过近年来却有迁出去不久又迁回来的案例。[①] 近年来由于交通、通信设施的改善，经济、教育均有所发展。

三　田野如何面对历史碎片

伴随着现代化的进程，人类文明朝着全球化、信息化迈进，人民物质文化和精神文化明显提高，进而逐渐放弃原有的生活模式。曾经的生活场景逐渐成为历史记忆中的文化残存，通过田野调查，重拾文化的碎片，作为研究民族文化材料。

1. 习惯习俗：吃、穿、住、行、娱等。

习惯习俗贯穿于人们生活的各方面，源自于特定地域环境下的生存模式。只要地缘环境没有大的改变，习惯习俗的变迁将缓慢进行。云安村的习惯习俗至今能在生活中找到与历史记忆相同的因素。

云安村同其他羌族地区一样，传统主食以玉米为主，辅以小麦、苦荞等，蔬菜主要有土豆、辣椒、豆角、南瓜等耐高旱作物。而椿芽、刺茏

---

① 笔者时常被问及诸如“为何这里的人们不设法寻求其他生态环境更好的地区生活”以及“搬走了为什么又搬回来”之类的问题。依笔者之己见：不是不想，而是不能。首先是生存问题，搬迁至其他地方将如何解决土地问题？农民没了土地，又不会经商，且不是每个人都可以是农民工，将如何生存？再次是生活问题，搬迁者大多是投奔亲友或跟随子女去城里者，这些人一旦来到新环境，将产生各种生活上的不习惯；然后是文化适应问题，这里的人们都世代适应了高山峡谷地域文化，一旦到了平原或城里，出门眼前没了大山，心中必定空荡荡而没有安全感，而这种失去的安全感便是根基性的地域文化和山地民族特有的山地情怀；最后是情感问题，山里人世代淳朴，乡邻往来密切，适应不了城市的冷漠与隔离。特此以作相关回应！

苞、蕨菜等野菜以及羊肚菌、香菌、冻菌等菌类食物都是本地传统的食物。最具特色的便是熏得漆黑的羌山老腊肉，村中招待尊贵的客人最好的食物便是腊肉和香肠。另一种具有地方特色的便是火烧馍馍，把玉米面或荞面用水和匀，冬天烤火时埋在火塘里烧二十分钟左右，掏出来把灰拍掉即可食用，香脆可口。

图5　挂在楼顶的羌山老腊肉，这是羌族招待尊贵客人的佳品

（笔者摄于2012年寒假）

云安村的服饰受汉族影响较大。解放以前是有自己服饰特点的，如今都改穿汉族服饰，有很少的老人有包黑色头帕的习惯。93岁高龄的蹇婆婆家住二组靠阳面的半山上。她一生从来没有出过远门，至今仍然穿着传统“斜衫巾”，现在市面上买不上就让大女儿买来粗麻布自己缝制。蹇婆婆称穿了几十年的“斜衫巾”，对现在的衣服穿着不太习惯。据蹇婆婆介绍，传统的衣服都是用粗麻布按照“三七分，九折布”的标准自己裁剪缝制而成。年轻的时候常在领口、袖口、裤边及鞋垫等处绣上羊角花[①]，鞋面绣上祥云，称为“云云鞋”。

图 6 位于半山坡的羌族吊脚楼远景（笔者摄于 2012 年寒假）

羌族传统民居是在适应高山峡谷的地域环境下而生，不同地区建筑方式不同。阿坝州地区多为“垒石为屋，依山而建”的石头碉房，而北川地区则因为气候湿热，房屋主体为木架结构的吊脚楼。云安村的吊脚楼一般分为三层，吊脚楼最下层用来圈养牲畜，中层铺上木板住人，上层堆放杂物。房屋建造中通常由一位掌墨师主掌设计及施工，众木匠和帮工均听从掌墨师指挥。掌墨师不但建房技艺精湛，而且还具有某些特异技能，掌握着新屋主人的兴旺发达与烟火后代的兴盛，因而在村里地位极高。当新屋主体建成上梁时，主人都会宰杀毛色最红最纯的红公鸡，用鸡头血祭屋，然后将鸡头献给掌墨师，以示敬意。掌墨师的技艺通过跟随师父多年做木工，口传心授及实践指导而来。在当地还有技艺神授的说法，如今已

① 羊角花，也称野杜鹃，是羌族人民最喜爱的花。每逢花开季节，漫山遍野都是，甚是漂亮。羌族妇女常将羊角花绣在领口、袖口、裤边及鞋垫等处作装饰。

成为老人们故事中“祖祖的祖祖那个时候有个掌墨师……”的一种叙事模式。很多掌墨师都不曾上过学，却能十分精准地计算整个房屋用料多少，尺寸大小，可见传统技艺之高超。

由于地处高山峡谷，交通极其艰难，有着“交通基本靠走，通信靠吼”的传统。在90年代新公路修通之前，人们到街上赶场需要一整天。早上天还没亮就背着自家农产品出发，到街上换取生活用品再往回赶，到晚上才到家，被形容为“两头摸”。

村子里没有公共娱乐场所，人们通常在农闲时自娱自乐。每家的“院坝”① 是村中唯一能常见的平地，也是人们平常的自娱场地。传统娱乐项目主要有斗鸡、打牛儿、摔跤、爬树比赛和对山歌等。

习惯习俗各事项是人们生活的琐碎之事，却构成了人们生活全部，探寻习惯习俗的历史记忆和现实展演，将向群体成员展示曾经的生活琐碎，唤起似曾相识的历史记忆，构建心灵的归属。

2. 礼仪礼节：婚、丧、嫁、娶、生、礼等。

礼仪礼节源自生活却高于生活，更多的是满足人们的精神文化生活，跟随人们的需要而不断地变迁。云安村诸多传统礼仪礼节随着时代的变迁已经成为人们的记忆碎片，重拾历史记忆的碎片，重温人们曾经生活的场景，回归精神家园。

云安村的传统婚俗嫁娶曾在村落中流行了千百年，而近五十年来却濒于失传，人们逐渐抛弃原有的老规矩，采用现代化的婚礼模式。下面这段话是笔者对云安村一组的一位83岁仲姓老人关于说亲的访谈记录，一次重拾传统婚俗的记忆碎片：

问：“婆婆，您还记得那时候（按：解放以前）咋个说亲订婚不？和现在有啥不一样没？”

答：“记得，记得，完全不一样咯。”

问：“有啥子不一样呢？”

答：“哎哟，不一样的多哦。那个时候要结婚，首先得父母同意，男方找红爷（按：媒人）带着礼信（按：聘礼）去说亲，说同

① 即院子，羌族人们在门前挖的平地，一般大小为一间教室大小，是人们日常休闲，晾晒谷物的场所。

意了才接，有的不同意要跑好几趟，换几个红爷，哪像你们现在这些娃娃哦。”

问：“那时候的礼信主要有哪些呢？”

答：“按照老规矩，礼信要双份，两根猪脚，两块人情肉（按：专门准备好的猪臀肉，割成长方形），两把挂面，两刀红，两柄火炮，还要给父母一人一套衣服。现在都没得那个这样送咯，现在年轻人都看不起这些东西了，你要问祖宗的规矩，这就是祖宗规定下来的。”

问：“那价值多少呢？”

答：“贵哦，可能相当于现在几百块哦，头红和火炮都要卖好多洋芋才得行哦。”

……

图 7 传统与现代的融合。新郎着西装身戴传统羌红，新娘着洁白婚纱头戴盖头，新郎背着新娘接受端公荸杀（笔者摄于 2012 年寒假）

从这段访谈记录中可以看出，云安村传统婚俗的订婚仪式已经在现实社会中成为了历史记忆。除此之外，笔者还通过访谈了解到本地曾经婚俗中的坐歌堂、母舅叙祖等习俗。而这些所遗失的便正是如今羌文化核心区域茂县等地羌族婚俗的标志性仪式。

云安村的葬俗多实行土葬，与汉区无多大差异。在笔者调查中，没有发现关于羌族石棺葬的遗俗和遗迹。

在婴儿的出生礼中，没有特别的仪式，但有一个特别的说法值得关注即“逢生”。“逢生”，顾名思义便是正逢出生，一般指当婴儿出生后，除自家人外，第一个知道孩子出生消息或到家里来的男性。从此便认定该男性是孩子的“逢生人”，他的人生路将要影响孩子一生的成长之路，甚至认为某些先天因素都来自“逢生人”而不是父亲，有的孩子便会拜认“逢生人”为干爹。这种“逢生人”是源自人们观念中对新生命的迎接，有别于汉族社会的接生婆。以前“逢生人”回家之前都要将自己裤腿线缝处撕破，至今要是某男性意外撕破裤腿，便会被说某某今天逢生去了，或许在今天会带些讽刺意味。

礼，便是流行于村寨中人们常说的“礼信”。“礼信”即人们日常生活中答礼的支出。它在人们生活中占据重要地位，往往是衡量一家门户关系（按：与亲朋近邻的关系）的好坏，评价家庭妇女勤劳程度和持家能力的标准，决定着该家庭在村寨中的声誉。“礼信”支出往往会占据一家财务支出的大部分，而且会越来越多。比如张家儿子结婚，李家给了三十个鸡蛋的“礼信”，那么李家儿子结婚时，张家必定会送给李家三十五个鸡蛋的“礼信”作为回馈。[①] 羌族社会的“礼信”制度就像一天然银行，平时的“礼信”支出虽然会占据很大一笔开支，但当自家遇到困难时，别人家便会拿出更多的“礼信”来支援，这样对于生态环境恶劣、自然贫穷的羌族社会来说构建起互助的自然银行便会很容易度过各种危机。

礼仪礼节是规范人们生活的老规矩，人们世代自觉地遵循着。随着现代化的进程和新的社会思想的出现，传统礼仪礼节逐渐失去其规范的功能。青年人不再遵循说亲的礼节，迎接新生命的“逢生人”成了人们调侃的对象。

3. 信仰崇拜：转山会与喇嘛会。

在阿坝州正统与核心羌族传统社会里，人们信仰万物有灵，崇拜白石以及羊图腾。而在云安村，人们既不知道哪些物是有灵的，也不放白石在房顶，

① 羌族传统社会中的礼信开支以鸡蛋、豆腐、猪腿等自产品作为标准，如今随着社会发展，人们已经将现金作为了礼信标准，从几百到几千不等。

只是在喇嘛寺会杀羊祭祀，于此便牵扯出正宗与不正宗的羌族身份之争。

每年农历四月初九，全村老少都会齐聚村寨后山的玉皇庙，进行转山活动。传说为寻找玉皇大帝一年一度降给人民的神祇，如今已不再举行。如今在阿坝州的某些村寨仍保留着转山会的习俗，而北川地区的转山会仅仅成为老年人嘴里的“过去”。转山会在春季举行为了祈求一年来的风调雨顺，在秋季举行为了庆祝丰收、感谢神灵，再次祈求来年的顺利与平安。

主要的庙会有农历六月初六的禹王会、六月二十的喇嘛会、六月二十三的川主会。每逢庙会人们便齐聚于庙堂，举行各种活动。其中最具仪式性的便是六月二十喇嘛会上的杀羊祭祀仪式。喇嘛寺[①]位于村子东北方向一山头，传说喇嘛老爷能呼风唤雨，庇佑四方平安。每当逢会人们便将喂肥的山羊带到喇嘛寺，先用活羊祭拜喇嘛老爷，再带到旁边羊姑塔跪拜杀羊，将羊角敲下扔在羊姑塔里，由端公念诵经文以通神灵，众人跪拜。传说为纪念多灾多难的先民羊姑[②]：

> 羊姑是个好人，她从小家里就穷得很，她每天给财主放羊，一个人放几百只羊。有一天羊被豺狗吃了，她就不敢回家，害怕财主要打她。最后她在外面饿死了。传说师喇嘛老爷看她可怜把她带走了，所以就在喇嘛寺旁边还要修建一个羊姑塔，把羊角献给她。

羊姑祭祀完毕，用黄纸沾上鲜羊血，将羊带回家煮熟全村共同食用。晚上用沾过羊血的黄纸和羊肾和羊头再次举行仪式祭祀喇嘛老爷，俗称“还熟”。

在“还熟”仪式中，将煮熟的羊头正面安放在足够大的盆里，从前面看似乎一只见头不见尾的全羊。而两个羊肾正摆在盆中央，借以“羊肾”的谐音作“羊身”，从外形和称呼中似乎都像喇嘛老爷还了整只熟羊。端公开始主持仪式，众人按主次顺序站列。端公面向喇嘛寺的方向，点燃沾过鲜羊

---

① 此处为何会有喇嘛寺，相关说法不一，至于是不是藏传佛教的影响有待考证。当地人均认为是因为有藏族的地方就有喇嘛，解放初当地人都曾被识别为藏族，如今山后仍然保留了一个桃龙藏族乡。如今喇嘛寺为当地藏、羌、汉人民所共同信奉朝拜。

② 本故事系笔者 2012 年 8 月 11 日于桃红村收集整理。讲述者田龙荣是桃龙藏族乡有名的端公。笔者采访当日巧逢其本人为村里主持杀羊祭祀，有幸目睹整个仪式过程，在云安村已经没有人会主持。

图 8　为了祭念多灾多难的羊姑，人们将一只羊角敲下来丢进羊姑塔，传说以前以此方式杀羊不需动刀，地震重建后的羊姑塔失去了灵力（笔者摄于 2012 年暑期）

血的黄纸，嘴里念道："先请我们最大的喇嘛老爷，再请各路山神大仙，山上的山下的，河那边河这边的，路上的家里的，地上的地下的，再请陈家历代先祖，请到的没有请到的，都全请了，今天就是喇嘛会，你们要的香蜡钱纸都来领……桃红村四组八十号人都聚齐了，请求来年风调雨顺，人事平安……"①，随后将黄纸丢进盆里象征性地点燃全羊，以示供诸神享用。随后众人分享羊肉，羊肾分给负责煮羊肉的会长。

此习俗在共同祭拜喇嘛老爷的几个村寨中曾经都普遍流行，如今的云安村已不再进行仪式，而其他村寨也仅限于走过程。

4. 语言符号：番话。

在语言方面的历史记忆考察主要在于有没有人讲番话的历史。番话，即羌语的别称。据家住一组的仲婆婆回忆到，她们小时候便只会讲汉话，父辈也没有人会讲番话，但当时在火草灯（按：今属临近的鸣牛村）有个姓韩的老太太会几句简单番话，据说是祖传下来。而现在的韩姓后人已无人知晓这些历史记忆。

语言是一个民族对内进行情感交流的工具，又是族群成员进行对外区别最显著的符号。无论现在的羌语还是曾经的番话，都曾是本地成员界定羌族身份的最典型的认同符号。对曾经番话的使用情况的系统调查整理，

① 笔者于 2012 年农历六月十九在桃龙藏族乡桃红村经历这场羊姑祭祀仪式后，端公念词后特请田龙荣端公讲述记录而得。云安村与桃红村共同祭祀喇嘛庙，只是云安村已不再举行仪式。此处以小范围的跨区域比较研究，重拾云安村的历史记忆。

于此历史记忆，本使人们在对外交流中宣传“我们这曾经也是会打番话的，我们也是正统羌族之地”增添几分底气，如今面对现实情境与历史记忆，却显得有些尴尬。

5. 历史遗迹：老房子与古寨房。

位于云安村三组的陈邦荣家附近有一座古老的寨房，不知经历了多少年风雨以及汶川大地震，却依然屹立不倒。此处是曾经的“上寨子”所在地，位于半山腰一处平地与陡崖之间的山脊之上，视野非常开阔，具有传统羌寨防御功能的特点。其建造技艺高超，用石块和黄泥相间而成，经历大地震却依然不倒。如今这座残缺的古老寨房没有人知道其来历，就连九十三岁的蹇婆婆都说小时候放牛经过时就见它在此地。据 52 岁的陈先生介绍，以前这是由两间完整的屋子组成，完全由石头砌成。前年（2010 年）新修公路时才拆掉，就剩下现在的一面墙。他们家曾经世代居住在这个寨房里，就连两个稍长于笔者的儿子都是在寨房里长大，说明其废弃时间不

图 9　经历大地震的古老寨房，如今被拆仅存一面残墙

（笔者摄于 2012 年暑假）

长。在距离寨房遗址不远还有一处墙基和一群杂乱的坟地，根据笔者测量墙基现存遗址长五十二米，平均高两米，宽一米五，坟地内凌乱的墓碑已经看不清碑文，据介绍是曾经“上寨子”的火坟地，即举行火葬之地。

图10　刘家老房子后院的泰山石敢当。按照羌族传统，新盖房子都会立泰山石敢当来镇邪，以求风水好（笔者摄于2012年暑期）

在距离古寨房约三百米处，刘祖文家的老房子也是具有上百年的历史。刘家老房子是全木架结构，曾经房顶盖着石板，现在已改成瓦顶。房檐及走廊处的雕花甚是古朴精美，具有明清风格，非现代匠人所能作。柱子都用约三十公分的杉木做成，如今全村都已少见如此巨大的杉树。最具特色的便是那古朴的神龛，远看犹如一张桌子安放在地上，四周都有精美雕花、佛像等，供奉着和汉族社会一样的“天地君亲师位”。据刘家老人介绍，在他们婆婆小时候这座老房子就存在，几百年住了几代人，不知见证了多少村寨的变迁。

老寨房和古宅等代表着本地传统建筑样式，是最显著的残存的物质遗迹、最直接的承载着文化的原型，告诉人们文化的变迁轨迹。每当人们看到它时，便会唤起曾经的历史记忆。

6. 地方性文本：族谱与碑刻。

地方性文本一般有族谱、碑刻、村志、日记、账本、处方、照片、标语、对联、合同、地契、借条、欠条、送礼簿等形式。由于该村落偏远，地域范围有限，笔者在调查中所探寻到的地方性文本极为有限，大多数地方性文本仅见于别人的口述回忆，能找到实物者甚少，其记载的真实性更有待考证。

当地老人对族谱、墓铭等地方性文本的记忆却是关于“插占为业”的历史记忆。“插占为业”，一种源于清代湖广填四川时期的移民方式，又称“插占落业”、“落担为业”[①]。据云安村三组能读书写字、经常出远门、见多识广的78岁肖正云老人讲述：

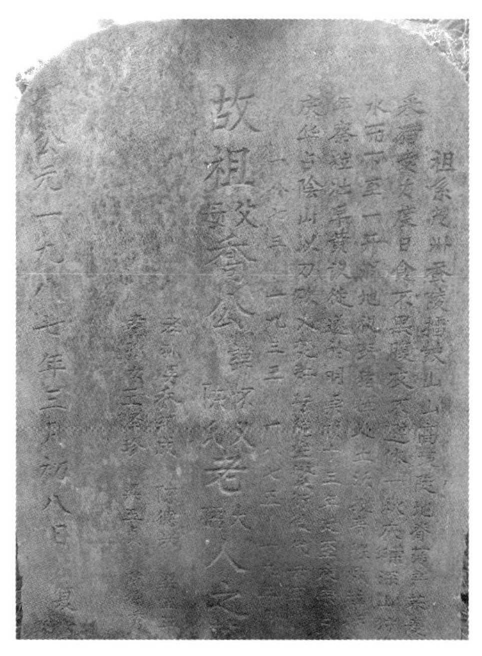

图11　记载了祖上“插占为业”移民史的墓碑（笔者摄于2012年寒假）

> 我们祖辈是汉人出生，他们在清朝时期从湖北麻城孝感来到四川，先是到绵阳三台县，再到云安村“插占为业”，本地区以前没有人住，老祖宗从外面搬进来就开始占地盘，来得早的就选好的地方占，占得多，以插旗为界，作为自己家业。来得晚的就占得少，占不好的地方，最后来的就没有地盘可占，在别人手里租地为生。以前我们家有一本族谱都记载了，还有一座祖坟碑上也刻的有。现在族谱不见了，碑也毁了……

老人对祖上来自湖北麻城孝感“插占为业”的历史记忆源自族谱和碑文的记载，而如今相关记载被毁，没有实物为证，其祖上究竟是否是来自湖北的汉人不得而知。

同样二组的蹇婆婆也讲到其夫家“插占为业”的故事：

> 我自从嫁到他们董家，就听说他们董家和何家是茂县土门一带“插占为业”过来的，董何二姓才是真正的老蛮子。以前这山沟里没人，他们董何二姓最先从土门过来“插占为业”的，所以以前董何二姓都是大姓，地主出生……

---

① 孙和平：《“落担”、“插占”：“湖广填四川”的早期民俗记忆》，《成都大学学报（社科版）》2008年第6期。

比较两段故事，同样是“插占为业”，两位老人的讲述却大相径庭：能读书识字、见多识广、年龄较小的知识分子肖正云老人认为祖上是源自湖北麻城孝感的汉人，不曾识字、年龄较长、一生未出过远门的蹇婆婆却讲述其夫家来自当今羌族核心地区的茂县。在地方性文本遗失的情况下，我们更多的还是相信未出过门的蹇婆婆观点。肖姓老人因常年在外与外地接触，又能读书识字，他的讲述代表了近代以来当地文化精英分子利用正统文献建构起来的汉人祖源记忆，以强化自己汉人的身份，从而不被歧视为“老蛮子”。

地方性文本对历史文化的记忆具有主观选择性和客观真实性，往往代表了地方精英的文本书写的主观选择性，但较之为统治服务的官方历史文献，有什么记什么的特点反映了其客观真实性。从对地方性文本的两种记忆来看，该地区有着从先前的羌族祖源记忆到汉人祖源记忆的转变过程，目的是在于摆脱近代对“老蛮子”的蔑称身份。

历史是过去也是社会过程，它不会虚无缥缈的在人们观念中，而会展现于现实生活之中。田野之中只要认真观察现实生活，便会真实地面对历史，探寻历史的过往。历史碎片散落于人们历史记忆之中，也会展现于现实生活情景。田野中面对历史，在于探寻本土历史记忆的习惯习俗、礼仪礼节、语言符号、历史遗迹以及地方性文本，重拾那遗落的文明碎片，将唤起人们的文化传承意识，为群体身份认同归属感寻求历史记忆的佐证。

四　田野的反思

我的田野名为“羌乡田野”，实为利用假期空闲时间于生活周围的村寨中走走停停，随心而至，已然有所见所闻而至所感所叹，现于笔尖纸张而已。受启于王明珂先生的《寻羌——羌乡田野杂记》，将自己零碎的田野见闻杂记于文本，零碎而有条理，杂记而不无体例——历史记忆的碎片与族群身份抉择！于此，且称“羌乡田野”作罢！

虽然没有进行严格的前期调查设计准备，没有严谨的学术理论支持，没有专门课题经费的支持，理应不是完全意义上的人类学民族学田野调查，然而在田野中随时运用所学知识，加以田野技巧，获得了大量珍贵资料。

首先总结一下田野中所运用到的调查方法：

1. 实地调查。利用假期深入各自然村寨，在生活中参与，在参与中观察，在观察中思考，寻求本土历史文化记忆。利用已有的人缘关系网络，既不打破原有的生活模型，也不产生陌生感。

2. 访谈法。针对性地选取三位年均八十高龄且当地土生土长的老人，对其进行非结构式访谈，听他们讲述自己曾经生活中的历史记忆，尤其是解放以前的情况。

3. 实物法。实物法也称文物法。某些残存的实物真实地记载了人们的历史文化，还原了当时的生活场景，是寻找本土历史文化的有力证据。例如笔者在调查中所了解到的古墓碑刻、百年老宅、碉楼遗址、古庙遗址、泰山石敢当等大型公众遗物，以及神龛、经文、烟斗、衣帽、餐具、红军烈属匾额、族谱等私人收藏的文物。对于实物则主要采用拍照、测量、绘图、临摹等方法进行资料的收集。

4. 文本材料。主要参考地方志的记录、碑刻铭文的记载以及族谱的记载，这些都是最有说服力的第一手材料。

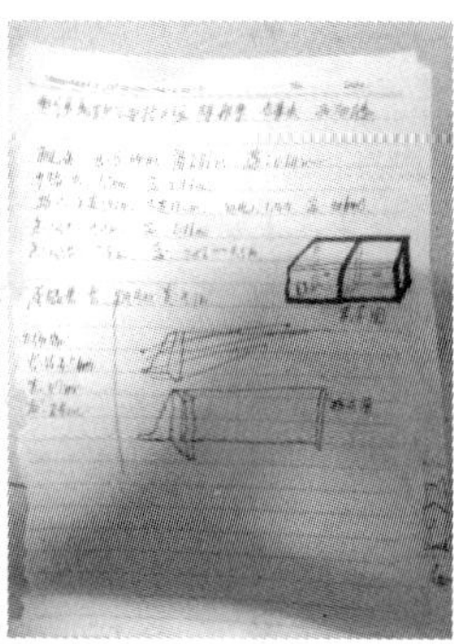

图 12　笔者在调查中测量古寨房遗址，清扫遗址以及所作遗址现实还原结构图

5. 口述材料。认真记录和别人每次交谈所获得的信息，尤其是访谈中别人的口述，先进行录音再整理。

其次，是核心概念的操作化，通过核心概念的操作化，探寻群体成员历史记忆中的文化展演，也算是访谈提纲的缩影。

核心概念：历史记忆

操作化：

（一）历史认知中的身份抉择

1. 是否知道自己的民族身份

2. 是否知道自己为什么是这个民族

① 根基性的情感联系（生来具有的历史延续：祖源记忆）

② 资源竞争的工具（高考加分、民族优惠政策：现实情境）

③ 政策引导下的民族身份（身份证的民族取向）

3. 对民族历史文化的记忆

① 羌语

② 是否会唱羌歌，跳萨朗

③ 是否穿羌服

④ 咂酒

4. 对羌族历史的了解

（二）参与中记忆的身份角色

1. 对外民族身份的宣示

① 是否主动向他人宣称自己的羌族身份

② 是否主动向他人介绍羌族

③ 在他人面前自己的民族情感是怎样的（自豪感、自卑感）

2. 个人生活方式

① 是否用羌语交流

② 是否唱羌歌跳萨朗

③ 是否祭拜白石神

3. 民俗活动的参与

① 是否参与唱羌歌跳萨朗活动

② 是否参加庙会

③ 是否参加羌历年、转山会

（三）意识中的民族情感诉求

1. 群体内部交流

① 亲戚朋友之间是否会谈到羌文化

② 对羌文化传承的讨论

2. 群体外的民族意识

① 区分哪些不是羌族

② 强调羌文化特征

③ 羌族与非羌族的区别

笔者在田野中，时常根据所遇到的不同情况而随机选择调查方法，随身携带着笔记本，用手机拍照、录音，绘出各种遗址的现存图形与历史还原图，晚上夜深人静时整理当天的资料。

在田野中关怀现实，根据带回来的田野材料，不妨再回顾当初的问题便知道该如何思考：云安村作为文化地域双重边缘下的小村落，其如何展现着历史记忆与现实情境的冲突与融合？本土文化历史记忆中哪些文化事项能够作为民族身份认同的符号？历史记忆的碎片如何面对现实的情境？重拾云安村本土历史记忆的习惯习俗、礼仪礼节、语言符号、历史遗迹以及地方性文本，其现实关怀有两点：其一，通过寻求如今还能见到的传统服饰和古建筑为人们构建羌族身份认同符号的学术价值；其二，对于历史的记忆与未来，我们应该深度发掘本土民族文化特色，发展民族文化旅游的经济价值。

人类学或民族学以人为研究对象，最终关注点自然落在对人的现实关怀，而不是过多的夸大、攀附、建构历史。关注历史旨在于历史是如何塑造了现在，现在如何建构未来。而在田野中参与观察，在观察中参与，于那曾经生活过的生活中重拾历史记忆的碎片，笔者本人已然成为田野中的被观察者。西方经典人类学者的田野都是痛并快乐着，而我的田野却是快乐并痛着——面对本土文化残存的历史碎片，那是灵魂深处的痛楚！从他者的眼光而进行文化猎奇与自观的思考而重拾历史记忆的碎片之分野，兴许这便是西方人类学与中国民族学的区别所在吧。

最后，在田野中，我们不妨思考这样一个问题：是以我的民族成就我的学术还是以我的学术成就我的民族？这也是作为民族学殿堂初涉者对自己的忠告与反思！

参考文献

[1] 汪宁生：《文化人类学调查——正确认识社会的方法》，文物出版社1996年版。

[2] 林耀华：《民族学通论》（修订本），中央民族学院出版社1997年版。

[3] 宋蜀化、白振生：《民族学理论与方法》，中央民族大学出版社 1998 年版。
[4] 孙秋云：《文化人类学教程》，民族出版社 2004 年版。
[5] 王明珂：《羌在汉藏之间：川西羌族的历史人类学研究》，中华书局 2008 年版。
[6] 王明珂摄影/撰文：《寻羌——羌乡田野杂记》，中华书局 2009 年版。
[7] 黎光明、王元辉著，王明珂整理、导读：《川西民俗调查记录(1929)》，台北"中研院"历史语言研究所史料期刊之一。
[8] 耿少将：《羌族通史》，上海人民出版社 2010 年版。
[9] 冉光荣等：《羌族史》，四川民族出版社 1985 年版。
[10] 贾银忠：《濒危羌文化：5·12 灾后羌族村寨传统文化与文化传承人生存现状调查研究》，中国文联出版社 2009 年版。
[11] 北川民族工作委员会：《羌族知识简明读本》，2009 年。
[12] 杨圣敏：《中国民族志》，中央民族大学出版社 2004 年版。
[13] 徐平：《羌村社会：一个古老民族的文化和变迁》，中国社会学博士论文文库，1993 年。

编后记

本书缘起于我院社会学专业荣获教育部专业综合改革试点项目，以此为契机，编辑出版一批专业辅助教材，于是将此书列入出版计划之中，在此深表感谢。

本书是我院首届民族学专业 30 名本科生们平时撰写的课程论文，或者参加学校各种学科竞赛的论文，本人筛选其中较好的几篇编辑成册，将其命名为“田野中的民族社会与文化”，以此展现 90 后民族学专业本科生的学术风采，同时也是学院本科教学成果的集中展示。

虽然我院的民族学本科专业姗姗来迟，于 2010 年开始招生，但综观我校民族学发展的历程，可以这样断言，“民族学”催生了西北民族大学，成就了以研究民族、服务民族为主的高等学府。伴随学校的发展历程，民族学专业也得到了不断地发展，曾多次被评为校级和省级重点学科，科研成果硕果累累，成为学校人文社会科学领域的领头羊。

本人是民族学专业出身，编辑出版这样一本书，不仅仅彰显我院民族学专业的实力，也想让更多的人走进民族学、了解民族学。

最后，本人作为首届民族学专业本科班的班主任，将此书献给全班三十名同学，以表达大学四年的师生之情，并以此作为纪念。他们是：巩二龙、阳如婷、巴责达、王婷婷、卢昭梅、杨文东、马恬、于彦平、杨俊峰、摆永明、姚梦元、沈丽玲、米春瑶、雷宇、陆丽霞、薛瑞玲、曲莹、邵雪、陈英文、罗婷、刘超、马晗娣、李修贤、徐佰川、古丽尼尕尔·苏来曼、迪亚尔·哈力、王洁伊、林双燕、郭霞、马尧刚。

扎西德勒！

看本加

2014 年 1 月 5 日

于西北民族大学十三号楼